滄海叢刊

哲學類

先秦諸子論叢

唐端正 著

東大圖書公司

國立中央圖書館出版品預行編目資料

先秦諸子論叢／唐端正著. --四版. --
臺北市：東大發行：三民總經銷，
民84
面；　　公分.--(滄海叢刊)
ISBN 957-19-0266-7 (精裝)
ISBN 957-19-0267-5 (平裝)

120

網際網路位址 http://www.sanmin.com.tw

著作人　唐端正
發行人　劉仲文
著作財產權人　東大圖書股份有限公司
臺北市復興北路三八六號
發行所　東大圖書股份有限公司
地　址／臺北市復興北路三八六號
郵　撥／〇一〇七一七五──〇號
印刷所　東大圖書股份有限公司
總經銷　三民書局股份有限公司
門市部　復北店／臺北市復興北路三八六號
重南店／臺北市重慶南路一段六十一號
初版一刷　中華民國七十年五月
初版六刷　中華民國八十九年十月
編　號　E 12011
基本定價　叁元陸角
行政院新聞局登記證局版臺業字第〇一九七號

ISBN 957-19-0267-5 (平裝)

序

中國哲學之重心問題爲內聖外王，其特點在爲人生文化提供種種價值理想，和實現此等價值理想的修行與方法。價值理想是繫屬於主體的。不同的生命主體，在不同的人生經歷和文化背景中，對於價值理想都會有不同的體驗和開拓。因而價值理想的世界，特別顯得有如繁花疊錦，多采多姿，使人眼花撩亂，無所適從。加上描述價值理想的語言，和一般所謂邏輯的語言和經驗的語言不同，因此很容易使初學者產生迷離撲朔之感，這是治中國哲學最困難的地方。

然而，人們對於價值理想的選擇，儘管有很大的分歧，只要這些價值理想和實現這些價值理想的修行與方法，都有易地則皆然的普遍性，則它們依然可以是一種眞實的學問。中國的內聖外王之學，本着凡同類者舉相似的大信，認爲人不必藉助宗教的信仰，而只靠智慧與修行，卽可以成德成聖。可見這些價值理想，都有千聖同證，百王同揆的普遍性，都是可以用理性和經驗去加以說明的。

不同的文化系統所提供的價值理想，在特定的歷史階段中，雖然有很大的紛歧，但隨着文化的交流，終會殊途同歸，至少是並行不悖的。因此，目前許多基於中國文化的特殊背景而產生的中國哲學，只要它言之成理，持之有故，未嘗不可以是明日世界哲學的一部分。因此我們在講中國哲學的時候，正不必從西方的哲學問題出發，削足就履地加以比附，而應把握中國哲學的脈絡，闡明其問題之所在，特質之所在，才是研究中國哲學的合理途徑。

本書所集各篇，大體均依以上觀點寫成。且曾在不同刊物上發表，因欲作有系統之改寫，本未有編輯成書之意。玆承秀煌兄之敦促，始先行付印。倉卒之間，未暇補正，疏誤在所難免，尚祈讀者諒之。

一九八〇年除夕於香港新亞書院

先秦諸子論叢　目次

孔子仁教之探討

世界各大文明，儘管型態不同，大抵均能對人生及文化提供一些偉大的價值理想，以爲人生安身立命，文化可大可久之所憑藉。這些偉大的價值理想，通常是透過一些聖者的生命而被揭示出來的。必須有偉大的文化，才能孕育出偉大的生命，必須有偉大的生命，才能開發出偉大的價值理想。

人天生是一個價值主體，必然有許多與生俱來的願望。人心決不是一張白紙。英國的經驗主義者洛克說人心如白紙；祇就知識論的立場，否定人有先天的知識而已。人可以沒有與生俱來的知識，但不可能沒有與生俱來的願望，人是唯一能自覺地追求實現他所願望的價值理想的動物，他是爲價值理想而活着的。但我們若只有一些發自自然情欲的價值需求，人生文化便難免充滿矛盾衝突，侷促不安。我們若要達致身心康泰，天下清平的境地；便非有一些偉大的價值理想不可。我們這個時代，流行着邏輯實證論的一些淺薄的見解：以爲體認價值理想，也應該和邏輯與知識一樣，可以用理智的分析和經驗的觀察去處理。他們把價值理想當作一組邏輯的命題去分析，或一個客觀的對象去觀察，結果把一切價值理想都變成虛幻的東西，這是一件非常糟糕的事。

價值理想繫屬于生命主體，它是存在的而不是非存在的。邏輯是研究正確推論規律的形式科學，它是沒有主觀的態度的，是非存在而不是存在的。它本身決不能決定價值理想的問題。經驗科學的方法是一種觀察法：是在一個對象之外，採取一定觀點來把握此對象與其他對象的共相的一種方法。價值理想壓根兒便不是一個事實，不是一個可以作外在觀察的對象。而且邏輯與知識都是價值中立的，光靠邏輯的分析與經驗的觀察，只能使一切價值理想變爲虛幻。這一點，以科學方法見長的西方人，慢慢地已有了徹底的覺悟。存在主義者齊克果在他的論文集中，對經驗科學尤其是心理學被應用來研究倫理學，曾提出強烈的控訴。他說人們在研究人類的倫理因素時，像統計上的平均數那樣處理，或像計算自然律中的擺動那樣來計算，結果使所有倫理學變成了幻想。他質問：我們是否必須知道消化器官如何活動才能吃飯，或我們是否必須知道神經系統中有怎樣的運動才能信仰上帝和愛人類。

可見，欲單循邏輯經驗的途徑來解決價值理想的問題，是一條走不通的路。價值理想是一門生命的學問，必須由存在的生命主體作精誠的踐履時，才會開拓出來，顯示出來的。比方人與生俱來都有懷生畏死、飲食男女等願望，但爲什麼世界各大文明，都有「所欲有甚於生，所惡有甚於死」、「人活着不是單靠食物」一類的話呢？這些爲一切偉大文明的共同呼喚決不是一種胡說，而且這種體悟，也不是飢思食、渴思飲那樣垂手可得，而是一些偉大的生命，在長期艱苦奮鬥、動心忍性的道德實踐中，經歷不知多少次的反省、逆覺、返觀、內照，才體悟出來的。這些偉大的價值理想，固然是聖者艱苦奮鬥、精誠踐履的成果，也是這個文明智慧、胸襟與勇毅的結晶。

人類所追求的價值理想，雖說最終會趨於一致，但由於各大文明的歷史進路不同，彼此所提出來的價值理想還是有差異的。中國的文明，雖然在科學知識上技不如人，但卻能對人生文化提出一套明確合理的道德標準。如果我們不是對自己的文明完全失去信心的話，我們應該重溫一下先聖先賢所提出的價值理想。羅素在中國之問題一書中曾說：

> 西方文化之長處在於科學的方法與成就，但對於現實人生卻無明確的觀念，這一點恰是中國文化的長處。中國人對生命的目的有一正確的概念，依西方文化一條鞭地發展，必不能建立一個明確合理的道德標準，因西方人慣於以科學方法與分析的思惟來面對倫理問題，事實上人生豈能如此分析？

中國文明雖然後來枝繁葉茂，千葩萬蕊，但可以說都是從孔子所揭示的價值理想生根發脈的，這些價值理想曾照亮了中國二千五百多年的歷史行程，創建了一個悠久廣大的民族國家，使人民都能安身立命，調適上遂，獲得合理的自由。究竟孔子爲人生文化所揭示的價值理想是怎樣的呢？

我們可以說，孔子所揭示的價值理想是人文主義的。人文主義從最寬泛的意思講，是從人的生命主體出發，全面肯定人所創造出來的文化價值的一種觀點。我們現在試拿墨、道、法三家的觀點來和儒家的觀點作一個對比的說明。

史載孔子之世，周室既衰，禮樂始缺，惟文武之道，未墜於地，孔子修成康之業，述周公之訓，年少知禮，不恥下問，述而不作，敏而好古，以斯文自任。嘗謂：「文王既沒，文不在茲乎？天之將喪斯文也，後死者不得與於斯文也，天之未喪斯文也，匡人其如予何！」（子罕）又曰：「郁郁乎文哉，吾從周。」（八佾）「如有用我者，吾其爲東周乎。」（陽貨）可見他滿腔是周禮所表現出來的文化理想。近人對孔子維護周禮的態度，總是喜歡從政治的觀點說他因循守舊。孔子的政治思想是不是因循守舊，暫且不論，但孔子維護周文的觀點，則決不是狹義的政治觀點。周禮原來就是一種禮樂教化，這是有一偉大的文化理想作背景的，賢者識其大者，不賢者識其小者，孔子是個下學上達的人，他所講的周禮，當然是作爲人生文化的終極理想去把握的。他所以要席不暇暖，栖栖皇皇地周遊列國，不獨要使人豐衣足食，安居樂業，而且要使人仁智兼盡，福慧雙修；不獨要使人類協和萬邦，興滅繼絕，而且要達致天下爲公，世界大同的境地。但孔子這樣偉大的理想，不獨今人未能了解，卽使是在晚周，也有許多人和他唱反調。以下我們便先談一下法家。

在先秦法家中，無論商鞅或韓非，都是要集中一切力量，從事耕戰，以助人君富國強兵，稱霸天下。飽受列強欺凌的近百年來的中國人，對商、韓的極權思想，似乎特別同情。近人又附會商、韓的法治爲西方民主憲政的法治，於是法家便被塑造成一個歷史上進步的形象。相反地，卻把儒家主張的禮治誣蔑爲反動透頂的東西。因而使思想觀念陷於極度混亂的狀態，也使時代迷失了應走的方向。實則法家所說的國，是人主之國，其所謂法，是人主用以鞭策天下，驅民耕戰的賞罰之法。這些法，不但沒有保障基本人權，維護人生文化的價值理想，而且剛剛相反，它是以摧毀一切人生文化的價值理想來成就人主之大欲的。因爲他以爲凡容許其他價值理想的存在，都足以動搖統治者的權威，分散統治者的力量。所以法家棄絕道德、文學、恬淡、隱逸、辯說、智謀、奇技、淫巧，倡言「無書簡之文，以法爲教，無先王之語，以吏爲師，無私劍之悍，以斬首爲勇。」（五蠹）故不獨反對周文，而且反對一切價值理想，這實在才是反動透頂的思想。

孔子不是要反對富國強兵、稱霸天下。顏淵篇載子貢問政，孔子也說要「足食足兵」。憲問篇孔子對管仲相桓公，九合諸侯，不以兵車，也稱讚說「如其仁，如其仁。」孔子所反對的，是以富國強兵爲唯一的目的，尤其反對以國家爲人主私人的大物，反對不惜犧牲一切人生文化的價值理想來成就人主的私欲。孔子認爲一個國家富了便要教，強了便要在國際間弔民伐罪，主持正義。一個只講富強的國家，實際是一個崇尚強權暴力的國家，這至多只能稱霸一時，決無久享之理。孔子是尚德不尚力，貴王不貴霸的。今天，這些理想被人認爲迂濶不切事情，國際間完全以氣力相競，不惜把人類推到共同毁滅的邊緣而不知返。人類果眞如此愚昧，那就算了！倘使人類還有靈性與智慧，可以自救的話，試問捨棄王道的理想還有什麼辦法呢？中國人是曾經服膺這些理想的，而且就靠這些理想，摶成了一個偉大的民族，建立起一個清平的天下世間，這些歷史的見證，我們可以否認嗎？

現在我們來談談道家。道家蔽於天而不知人，否定一切客觀形式的價值，以禮爲忠信之薄而亂之首。主張絕聖棄智、絕仁棄義、絕巧棄利、絕學無憂，剖斗折衡，以求回復到無名之樸的境地，這實在也是反人文的。不過法家是以嚴刑峻法去反，而道家則以無爲自然去反罷了。

道家反對一切禮樂制度和客觀化的形式究竟對不對呢？我們可以說，若他們所反對的，只是一些僵化了的周文，那是很對的。因爲一切僵化了的形式，不但不能實現我們的價値理想，而且像絡馬首、穿牛鼻一樣，只能成爲生命主體的桎梏。人若不冲破這些樊籠和枷鎖，生命便會被拘束得透不過氣來，結果生命便會因而枯萎。在道家興起的時候，周代遺留下來的禮文，有許多已失去了時代性，或忘失了它的禮意，人們承襲它，完全成了一種負累。道家出來把它們摧陷廓清，使覆蓋在一些繁文縟節之下的生命主體，重見本眞，這實在也有他的貢獻。但道家因爲要擺脫一些僵化了的禮文，連帶掃蕩一切客觀的形式，就未免爲之太過了。

客觀的禮文，是爲了表達主觀的禮意。禮意是生命主體所欲實現的價値理想，禮文是我們要實現這些價值理想時所通過的客觀形式。必先有主觀的理想，才會有客觀的形式。八佾篇載子夏問「巧笑倩兮，美目盼兮，素以爲絢兮」幾句逸詩是什麼意思，孔子回答說：繪畫之事，先以粉地爲素質，而後施五采。子夏因而問曰：「禮後乎？」孔子聽了便十分高興，說子夏能與發他的意志。孔子對子夏由繪事以粉地爲質，領悟到禮以忠信爲質一事的稱讚，可見他是同意禮後于忠信的。故朱注引楊氏曰：「甘受和，白受采，忠信之人，可以學禮，苟無其質，禮不虛行。」孔子在本篇又云：「人而不仁如禮何？人而不仁如樂乎？」陽貨篇又云：「禮云禮云，玉帛云乎哉？樂云樂云，鐘鼓云乎哉？」可見孔子也反對一切僵化的形式。

然而，人可以不要僵化的形式，卻不可以沒有任何形式。因爲形式原是內容的客觀化，內容要客觀化，便要有形式去表現它。聖人要成就客觀的政教，便非有客觀的形式不可，此卽所謂名教。聖人貴名教，必須肯定禮樂制度等價值；故子貢有「文猶質也」（顏淵）之說，孔子有「文質彬彬然後君子」（雍也）之言。至於老莊則尚自然。因老莊志在內聖，不求外王，完全不講求客觀形式，不建立禮樂制度，故老子雖有意於爲天下，亦只能成就一套深藏不露的帝王南面之術。此卽流而爲韓非陰森幽暗的術府。

周代遺留下來的禮文，原來可以只是經驗習慣的積累，其中並無仁性的自覺，但經孔子點出周文的質就是仁，因而文質並重，仁禮兼修，使原屬於外在的禮文，一下子便轉化爲植根於我們內在生命的東西了。不過，我們對主體的忠信，與客觀的禮文，必須保持時中與權變，使它們永遠配合無間，才不致使形式僵化成生命的枷鎖。若抱殘守缺，食古不化，使生命的實質與外在的形式對立起來，那便怪不得道家和法家的破壞手段了。孔子是聖之時者，對這一問題，他是隨時警惕着的。

「墨子學儒者之業，受孔子之術，以爲其禮煩擾而不悅，厚葬靡財而貧民，久服傷生而害事，故背周道而用夏政。」（淮南要略）墨子蔽於淺狹的實用觀點，不能認識禮文的價值，主張非儒、非樂、節用、節葬，只道詩書而非禮樂，對周文雖非全盤否定，但其基本態度也有反人文的傾向，到底也不能說是一個人文主義者。

墨子講天志尚同，反對一人一義，十人十義，否定生命主體爲價值之源，而主張義自天出，因此他所能肯定的價值理想，就只有兼愛的義政。義政只是要實現一個平等無差別的社會。墨子是用什麼方法去實現這樣的理想的呢？墨子所採取的途徑，是對生命主體的禁制與封閉。他並不積極的鼓勵人去實現他的價值理想，反而因爲這些價值理想的實現，在現實上有困難，便否定這些價值理想。因爲如果有人能實現某些價值，有人不能實現某些價值，便會妨碍了他的義政，破壞了平等的理想。他並不是在肯定人性、崇尚自由，努力實現種種價值理想的基礎之上來實行義政的，而是在極度單調、貧乏的標準之下求達致他平等的理想。故荀子批評他「上功用、大儉約而僈差等」（非十二子）莊子則批評他「其生也勤，其死也薄，其道大觳，使人憂，使人悲，其行難爲也，恐其不可以爲聖人之道。」（天下）

人應不應爲了厚葬久服而至靡財貧民，傷生害事呢？這是要好好加以分說的。首先我們要說明：生命的目的決非爲了要斂財，許多人生文化的活動都是要靡財的。告朔之餼羊固然要靡財，桐棺三寸，何嘗不要靡財。但只要用得其所，便可以說「爾愛其羊，我愛其禮。」（八佾）荀子說「聖王財衍以明辨異」。（君道）因爲不靡財則不足以爲文飾，不文飾則不足以明辨異，辨異不明則不足以明分達治而保萬世。故荀子批評墨子說：「墨術誠行，則天下尚儉而彌貧，非鬬而日爭，勞苦頓萃而愈無功，愀然憂戚，非樂而日不和。」（富國）從荀子的觀點看來，「夫不足，非天下之公患也，特墨子之私憂過計也。天下之公患，亂傷之也。」（富國）尙儉也可以貧民，則民之貧富，決不在於厚葬久喪。卽使厚葬必然導致相當程度的靡財貧民，我們也要問問這值不值得。飲食本來就要靡財，但人並不因此廢飲食，那是因爲人肯定了飲食的價值。難道人的生命就只能有飲食男女等自然欲望，不能有更高的價值理想嗎？

孔子肯定喪葬之禮，是肯定它對人生文化的價值；但無意義的靡財貧民，傷生害事，他亦不會贊成的。故八佾篇說：「禮，與其奢也寧儉；喪，與其易也寧戚。」禮記檀弓下載子路傷貧，慨嘆生無以爲養，死無以爲禮。孔子對曰：「啜菽飲水盡其歡，斯之謂孝，斂首足形，還葬而無椁，稱其財，斯之謂禮。」根據莊子天下篇說，古之喪禮，天子棺槨七重，諸侯五重，大夫三重，士再重。今孔子以斂親有棺而無椁，只要與自己財力相稱，便叫做合禮，可見孔子並不要人厚葬靡財而貧民。論語先進篇載孔鯉死，有棺而無椁；顏淵死，子路請賣孔子之車以買椁，孔子不許，門人欲厚葬之，亦不許；後來門人厚葬顏淵，孔子仍以此怪責門人，可見孔子並不一定要厚葬。至於傷生害事的事，儒家已力求避免。所以要人「節哀順變」（檀弓下），「毀不滅性，不以死傷生。」（喪服四制）禮記又云：「喪食雖惡必充飢，飢而廢事非禮也。」（雜記下）「居喪之禮，頭有創則沐，身有瘍則浴，有疾則飲酒食肉。」（曲禮上）這都是要我們不以死傷生的。

大抵最爲現代人咎病的是三年之喪。三年之喪，雖然孔子也贊成，但卻不是孔子所首創的，論語陽貨篇謂「三年之喪，天下之通喪也。」這是當時流行的一種定制，是一般人情所支持的。禮記三年問解釋先王以三年之喪爲父母喪之定制的理由曰：

三年之喪，何也？曰，稱情而立文，因以飾羣，別親疏貴賤之節，而弗可損益也，故曰無易之道也。創鉅者其日久，痛甚者其愈遲，三年者，稱情而立文，所以爲至痛極也。……凡生天地之間者，有血氣之屬，必有知，有知之屬，莫不知愛其類。……有血氣之屬者莫知于人，故人于其親也，至死不窮，將由夫患邪淫之人與？則彼朝死而夕忘之，然而從之，則是曾鳥獸之不若也，夫焉能相與羣居而不亂乎？將由夫修飾之君子與？則三年之喪，二十五月而畢，若駟之過隙，然而遂之，則是無窮也。故先王爲之立中制節，壹使足以成文理則釋之矣。

三年之喪，實則只有二十五個月，對修飾之君子言，爲期甚短，但對患邪淫之人言，則又爲期甚長，先王制禮，只是稱情立文，爲之立中制節。這可說是一切禮俗所以產生的合理原則。如果說古今異情，則雖謂不可損益之無易之道，也不是不可改易的。陽貨篇載孔子雖不贊成宰我主張只對父母守喪一年，其理由是子生三年然後免於父母之懷，若一年後便衣錦食稻，對孝子而言，於心不安。但禮記曲禮下載魯人有在父母死後滿二十四月，朝行大祥之禮而暮作歌者，子路笑之。孔子不責魯人，反而對子路說：「由，爾責于人終無已夫？三年之喪，亦已久矣夫。」孔子在此，雖然志在敎訓子路不可厚責于人，並非以三年之喪爲太多，但像魯人守喪滿二十四個月，已經認爲不必厚責，可見孔子是在當時社會之合理情況下肯定三年之喪的，並沒有把它視作一成不變的敎條。而且三年之喪是爲了盡人心，縱然傷生害事，也無法計及。先進篇載：「顏淵死，子哭之慟。從者曰：子慟矣。曰，有慟乎？非夫人之爲慟而誰爲？」人慟則傷生害事，若孔子一覺察到自己哀慟傷生，便馬上心如止水，以理智的計較，去否定情感上的哀傷，那孔子便成了個不近人情的怪物了。孔子是至情至性的人，殺身成仁，捨生取義，尚且不惜，又怎能只計較傷生害事呢？自己所愛的學生尚且如此，又何況自己的父母呢？若一定要像墨子般生不歌，死不服，桐棺三寸而無槨，使人生憂悲自苦，毫無生趣，這是決不可以爲人生文化的共同理想的。莊子天下篇說他「反天下之心，天下不堪，墨子雖獨能任，奈天下何，離于天下，其去王也遠矣。」這實在是非常好的評語。「反天下之心」就是反人文。人生文化的價値理想，除了部份出於生理欲望之外，大部分是出于人心的。墨子陋于知人心，結果便走上了反人文的路，這是一件很可惋惜的事。

以上我們對墨、道、法的批評，並非故爲抑揚，但學術不明，則人心不正，對各種矛盾衝突的思想觀念，不能澄清疏導，又不能有較高的價值理想去統攝會通，則決難求其並育而不相害，並行而不相悖。實則法家所追求的國家富強，墨家所追求的社會平等，與道家所追求的個體自由，都是人生文化所當實現的價值理想，但在三家學說中卻是無法相容的。只有從高明配天，博厚配地的孔子之道，或全面肯定人生文化價值理想的人文主義觀點保育下，這些價值理想才不獨不是互相排斥的，而且是互相依存的。究竟孔子所講的人文主義是怎樣的呢？

孔子所揭示的人文主義理想，是全面肯定人生文化的價值理想的理想，對於周文的態度大體是完全繼承的。不過他的繼承，同時就是開創，因爲他是通過他眞實生命的體認，才對周文的價值重新加以肯定的。孔子這種把一切價值之源建基於生命主體的觀點，是傳統文化的觀點，因此我們不妨對中國人文精神的興起，先作一個簡單的交代。

人類的文化，都起源於宗教，中國在殷商的時候，大抵仍停留在原始宗教的階段，人們都把一切價值理想寄託給天帝，希望通過崇拜敬奉的宗教儀式，獲得天帝的恩賜。後來由于人智日開，這種一廂情願的宗教信仰，已慢慢崩潰了，於是便有「天命無常」之感。天命如果眞是無常的，我們的價值理想將寄託到什麼地方去呢？這便成了當時一個嚴重的文化危機。

這危機後來被周人挽救了。周人通過歷史的反省，正視了天命無常的事實，同時肯定了天命有德的觀念，使他們體會到天命在行迹上、現象上的無常，正要維護天命在義理上、本體上的有常。在這一思想指導之下，周人便對三代王朝的興替作了一個合理的解釋。禹、湯有德，天就降命給他們，後來桀、紂無道，天命就轉移了。因此獲得天命與否，不在於敬天，而在於敬德。人們與其小心翼翼，事奉上帝，不如戒愼恐懼，聿脩厥德。這樣，便產生了孔子重人道的思想。所以他說：「務民之義，敬鬼神而遠之。」（雍也）又說：「道不遠人。」（中庸）可見孔子的人文精神，是植根於傳統文化的。

然則孔子是怎樣了解人道的呢？人原是一個自然的存在，和禽獸一樣有飲食男女之欲，懷生畏死之性，相信這是人所共知的，用不着偉大生命去發明。但人除了是一個自然的存在外，同時也是個道德的存在，這是千聖同證，卻由孔子明確地揭示出來的。生命的小體是欲，生命的大體是仁，仁與欲雖然都是我們生命的一面，但生命的向上性、創發性，理想性則在仁而不在欲，故仁才是我們生命中最大的價值，是我們眞實的生命，生命的本質。

究竟孔子所謂仁是指什麼而言的呢？我們可以說，仁不是一個通過下定義手續而成立的邏輯概念，也不是一個可以外在觀察實驗的客觀對象，它是生命存在的實體，也是我們生命的主體，但這主體不是那同于禽獸的自然生命的主體，而是人所以異于禽獸的道德生命的主體。所謂道德生命的主體，是指人特有的覺性、靈性、理性、德性、仁性或善性而言。這些稱謂實指着同一的實體，這一實體顯發出來，就是那與物通情，痛癢相關的同情共感。

宇宙間的存在，我們可以依覺性的有無或覺性的程度分做許多層級，人無爪牙之利，筋骨之強，視聽嗅味等官覺亦不如其他動物，所謂人爲萬物之靈，究竟靈在什麼地方呢？這當然在於人的心知。西方人重視心知的智性，重視心知成就知識的能力。中國人則重視心知的仁性，重視心知成就道德的能力。其實無論仁性、智性，都是人心認識普遍的理的一種能力。不過智性所把握的普遍性純粹是客觀的，完全不涉及主體的態度或評價問題，而仁性所把握的普遍性，必先通過反省逆覺的工夫，把握到主體的價值理想後，再把它依忠恕之道或絜矩之道推致出去。這種推致出去的理是否合乎道德原則，不是依據邏輯規則去考核，而是依據反省逆覺工夫中的存在實感。此卽決定於仁心的安不安，而不是決定於感覺經驗或邏輯法則。雖然，仁心和智心，道德理性和邏輯理性，同樣要把握普遍者，但邏輯理性是抽象地、非存在地去把握的，所以可說沒有主體上的牽連，道德理性則是具體地，存在地去把握的，必然牽涉到主體，因此只能有一些易地則皆然的普遍性。

我們根據思想三律或歸納概推所把握的普遍性，都可以不考慮主體性的問題，無論我們是從「凡橙是圓的，甲橙是橙」的前提中推得「甲橙是圓的」的結論，抑或從我們見過許多橙是圓的的經驗中，再根據自然齊一律的預設而推知「甲橙是圓的」，都是從科學知識的觀點上認可的。科學家似乎都默認了這些知識可以沒有主體性的問題。如果有人懷疑那三段推理的正確性，我們只會說那人的思考有問題，如果有人從經驗上認爲甲橙不是圓的，我們便只會說那人的視覺有問題。科學家是假定了每一個人的視覺能力和思考能力都是一致的。但如果我們涉及價值問題時，人們便很難肯定價值主體的一致性了。比方孟子說：「仰不愧于天，俯不怍於人，一樂也。」人們便可以懷疑俯仰無愧是一種樂事。而且當人們這樣懷疑時，我們大體不會說這個人的道德理性有問題。這是什麼原故呢？因爲人們沒有假定人的道德主體或道德理性是一致的。其實道德判斷固然要訴諸道德主體，知識判斷和邏輯推理何嘗不要訴諸感性主體與邏輯主體？道德主體所以特別被認爲缺乏普遍性，是由於生命主體所追求實現的價值理想無窮無盡，人可以依不同的進路對價值理想有不同的抉擇。而且在判斷同一對象時，也可以有不同的價值取向，而且必然涉及修養工夫等問題；因此價值理想的問題，往往見仁見智，千差萬別。但人們因此誤認價值理想的問題是純任主觀，不成學問的，那就大錯特錯了。因爲杜甫讚李白的詩可享「千秋萬歲名」，有若說「自生民以來未有盛於孔子」（孟子公孫丑）都不是一張開口便能說出這樣的評語的，其間至少杜甫要有相當的才華，相當的人生經驗，相當的詩學修養，才能對李白作出這樣的評語；而有若也一定要對孔子的人格有相當的了解，並且有可以如此了解的一些條件，才能對孔子作出這樣的評價。人們如果沒有這些先決條件，便很難有同樣的評價，這是對的；但這不等於說杜甫和有若的話是純任主觀，不可以有普遍的意義。因爲只要我們培養這些條件，具備那些工夫，我們便會覺得他們的話，先得我心之所同然。人生文化的價值理想雖然多，人們依于不同的歷史背景雖然可以先選擇實現這些價值，後選擇實現那些價值，以實現這些理想爲主，以實現那些理想爲從；但先後緩急，本末終始的程序，只是相應于不同歷史進路的一時權法，並非說不同的文明，其價值理想不可以殊途同歸。莊子天下篇謂「百家往而不返，必不合矣」的斷語，還是過份悲觀，不如易傳「天下同歸而殊途，一致而百慮」的話合符我們無盡的道德願望。杜甫說李白的詩好，有若說孔子的人格偉大，倘使我們根本沒有機會去認識他們的詩和人格，當然不能證知他們的話是眞的。但自己不能證知，不等於否定別人的證知。至於同樣認識孔子的人，有說他是聖人，有說他是僞君子，若非由于雙方評價的角度不同，便有眞假對錯之別，這裏是可以遵循一定的途徑去討分曉的。雖然這個分曉最後要訴諸生命主體，但一切生命主體既有共通原則，我們從反省逆覺中所得的感受，以及獲得這些感受的先決條件，還是可以用象徵性的符號語言表達出來，使人共喻的。這便可以在原則上作爲殊途同歸的基礎。

仁既然是我們生命中一種與物通情，痛癢相關的同情共感，因此仁的本質就是愛。「樊遲問仁，子曰：愛人。」（顏淵）孟子說：「仁者愛人」（離婁下）莊子說：「愛人利物之謂仁」（天地篇）。荀子說：「仁，愛也」（大略）韓非說：「仁者，愛人之名也」。（解老）都是以愛訓仁的。生命的同情共感原則上並無限際，故仁愛的生命，是一個無封閉，無限隔，無退墮，無厭倦的生命，是一個感通無外，與物無對，至誠無息，健行不已的生命。這生命使人清明在躬，志氣如神，使人有宇宙內事，卽已分內事，已分內事，卽宇宙內事的實感。因此孔子雖然以孝弟爲爲仁之本，但由親親而仁民，由仁民而愛物，甚至仁鬼神，仁昭穆，可見爲仁可以通於幽明，是無遠不屆的。橫渠所謂民胞物與，明道所謂渾然與物同體，陽明所謂以天地萬物爲一體。都是仁心無限無隔所必至的境界，也是孔子言仁所應有的意義。

仁者的生命既然與物通情，痛癢相關，因此民物的憂患，都成了他自己的憂患。西銘謂「凡天下之疲癃殘疾、惸獨孤寡，皆吾兄弟之顛連而無告者也。」易傳謂「吉凶與民同患」，都是仁以爲己任的道德生命所必然有的憂患意識，所以說：「君子有終身之憂」。

但既說「君子有終身之憂」，何以孔子又說「仁者不憂」（子罕）呢？因爲仁者的生命，既然是一個感通無隔的生命，自然是一個豁達無私，胸懷坦蕩，開放爽朗，光明磊落的生命，這樣的生命自然有一種鳶飛魚躍，生趣盎然的自在與喜樂。而且也會有一種乾坤父母，充塞天地的實感。儒家對生命總是贊嘆的，一個道德的生命，擺脫了自然欲望的束縛以後，不憂不懼，自由自在，實在是很可悅樂的，因此宋儒總是要尋孔顏樂處。這和基督教對生命的罪觀，與佛教對生命的苦觀相比，很能顯出儒家對生命採取樂觀態度的獨特精神面貌。

對生命的罪觀與苦觀，都是從自然情欲出發的。一切只從自然生命的利欲出發的人，論語中稱爲小人。突破了形軀的限制，而以仁心與物相感通的人，論語中稱爲君子。「君子坦蕩蕩，小人長戚戚。」（述而）「君子喻於義，小人喻於利。」（里仁）「君子謀道不謀食……憂道不憂貧。」（衛靈公）謀食的、喻於利的小人，是沒有擺脫生命的自然存在的人，這當然是長戚戚的。長戚戚的生命，當然也是一個罪苦的生命。一切偉大文明所揭示的偉大價值理想，都是要人生文化由自然的存在作價值的轉換，轉換成一個理想的存在。基督教所謂永生，佛教所謂涅槃，都是指擺脫了自然生命的理想生命而言。不過基督教的理想生命是從信仰獲得的，佛教是從觀照獲得的，而孔子所揭示的理想生命，則是從道德實踐獲致的。基督教藉着對上帝的信仰而超脫生命的罪，佛教藉着觀照諸法緣生無自性來超脫生命的苦，而孔子則藉着踐仁盡性，循理直道的道德實踐來超脫生命的私欲。

孔子和其他的先秦儒都不完全排斥人的自然情欲，只是要我們求之有道。孔子說：「富而可求，雖執鞭之士，吾亦爲之。」（述而）飲食男女乃人之大欲，儒家卻要爲它們制禮作樂。可見不是欲本身有什麼罪苦，只是以口之欲妨碍了眼之欲，以個人之欲妨碍了家庭之欲，以邦國之欲妨碍了天下之欲，才產生罪苦。當欲得到合理的安排時，人欲便可以表現天理。因此，一個道德的生命，是洋溢着生命的喜樂的。論語鄉黨篇記載孔子食不厭精，膾不厭細，割不正不食，不得其醬不食，並不諱言在飲食上的講究，因而諄諄樂道。然而，這是就孔子在以其道得之的情況下說的，若得之不以其道，孔子便寧願清茶淡飯，疏食飲水。故曰：「士志於道，而耻惡衣惡食者，未足與議也。」（里仁）可見孔子雖不排斥自然欲望，但生命的目的仍在於仁而不在於欲。

也許有人會認爲儒家對生命的樂觀，未免忽視了死亡對個體生命的痛苦。儒家從來不講個體不朽的問題，好像死亡根本不是一個問題似的。而基督教和佛教都以此作爲中心課題。爲什麼會如此呢？因爲一個仁化的道德生命，根本是一個突破形骸的間隔，把個體與全體融合爲一的生命，這樣一個生命，循道而生，循道而死，「存吾順事，歿吾寧也」（西銘）早已將生死置諸度外，殺身成仁，捨生取義尚且爲之，更何有於死亡的痛苦。故儒家不講生死，只講幽明始終，不以生死爲大事，而以踐仁成德爲大事，孔子曰「朝聞道，夕死可矣。」（里仁）這個道若不能化除自然生命的罪苦，還能算是道嗎？

一般宗教，都有天國、彼岸，前生、來世等信仰，孔子則沒有這些信仰。孔子認爲這個世界是至眞至實的，而且是感通無隔的，這個世界雖有幽明隱顯，正如一物之有陰陽正背，並不是說這個世界之外另有一個世界。因此一切的價值理想，都只能在這個世界中求其實現。所謂立德、立功、立言，不是要我們的靈魂在另一個世界中求不朽，而只是要我們的道德生命在歷史文化中永遠留芳，個人實現不了的願望，寄託在歷史文化的長流中求其實現。易傳所謂「積善之家，必有餘慶，積不善之家，必有餘殃。」都是從現世人生來講因果報應的。宋儒批評二氏，認爲他們求長生不老，神識不滅，未能免於從私欲起念，實不爲無理。熊十力先生在讀經示要卷一中，對佛家把全副精神力量，放在求拔出生死一事，曾有以下的評論。他說：

> 佛家爲生死發心，徧徵大小一切經論，皆可見其精神所在。論語曰：人之生也直。大易直從乾德剛健顯示萬物各正性命。故子路問死，曰：未知生，焉知死。故佛氏所謂生死，六經所不言，孔子着眼，不在是也。孔子所謂知生之生，謂人所以生之理，即性也，非佛氏生死之生。生死之生，是惑亂之生，非性也。

儒家不講自然生命之生死，只講幽明始終，是因爲在仁化的道德生命中，本來物我渾然一體，更無彼我之別。故橫渠曰「散入無形，適得吾體，聚爲有象，不失吾常。……聚亦吾體，散亦吾體，知死之不亡者，可與言性矣。」（正蒙太和篇）

以上我們拿孔子的仁道來漫天蓋地地講，雖不會違悖他的意思，不過孔子言仁道，多從人與人的關係上講。然則怎樣的人際關係才合於仁道呢？孔子曾舉出忠恕之道，有時又叫做絜矩之道。

曾子曰：「夫子之道，忠恕而已矣。」（里仁）「子貢問曰：有一言而可以終身行之者乎？子曰：其恕乎？」（衛靈公）中庸也說：「忠恕違道不遠。」究竟怎樣叫做忠恕之道呢？「己所不欲，勿施於人」（衛靈公）爲恕，「施諸己而不願，亦勿施於人」（中庸）爲忠恕。朱注謂「盡己之心爲忠，推己及人爲恕。」實則在恕的地方便有忠，在忠的地方便有恕，不盡己則無法推己及人，不推己及人則無法盡己之心，仁者是不能把人和己割裂開來，對立起來的。故「己所不欲，勿施于人」，（顏淵）和「己欲立而立人，己欲達而達人」，（雍也）都可以叫做忠恕之道。至於所謂絜矩之道，其實就是推己及人的恕道。大學云：

> 所惡於上，毋以使下；所惡於下，毋以事上；所惡於前，毋以先後；所惡於後，毋以從前；所惡於右，毋以交于左；所惡於左，毋以交於右；此之謂絜矩之道。

孔子所提出的忠恕之道或絜矩之道，應用於人際關係上時，實應如思想三律應用於邏輯推理中一樣普遍有效。這些道德規律，是通過孔子的生命實踐才體認出來的，這是偉大生命的偉大創發，經中國文化二千多年的共同實踐，證明其爲顚撲不破的眞理。但今天人類無論在處理人際關係或國際關係時，都沒有信守這個眞理。這因爲感性文化不容易接受有普遍性的道德理性，而一向相信上帝啟示的人又信不過人的道德理性，因此像這樣顯明的道德規律，大家還是對它將信將疑，若存若亡，強者亦只會爭霸天下，總不懂得如何能使天下歸心，世界大同。這時代的迷茫，難道孔子的仁教對它沒有一點裨益嗎？

中國過去的歷史，並不能完全實踐孔子的仁教，孔子的仁教本身，今人也可以有更圓滿的補充，但道不遠人，以仁爲人的大體一點，是不可改易的。中國的人生理想、文化理想，仍當建立在孔子仁教的基礎之上。道家講個體自由，但眞正的自由不是退縮在內心世界，而要通過禮文等客觀形式，舒展到客觀世界去。而且只有天人不二，物我一體才能與物無對，從心所欲。所以只有踐仁盡性，才可獲致最大的自由。墨家講社會平等，但一個理想的平等社會，不是螞蟻式或蜜蜂式的社會，而是一個羣龍無首，各正性命，多采多姿，無限充實的社會；一個萬物並育而不相害，道並行而不相悖的社會。因此只有實踐仁教，才是社會平等的眞實保證。至於法家所講的富強，只是富國而不富民，強兵而不強民，但眞正的富，決不限於國富，眞正的強，亦決不限於兵強，所謂百姓不足，君孰與足，百姓足，君孰與不足。可見眞正的富，是藏富于民，而不是以聚歛爲事的。荀子說：「義立而王，信立而霸，權謀立而亡」。（王霸）孟子曰：「保民而王」、「仁者無敵」。老子也說「以道佐人主者，不以兵強天下」。（三十章）又說：「夫佳兵者，不祥之器。」（三十一章）可見眞正的強，並不是要兵強，更不是以嚴刑峻法鞭策天下，而是要行仁政，立信義，使近悅遠來，天下歸心。因此，只有實踐孔子的仁敎，才能同時成就三家的價值理想。

我們不是要宣傳孔子的偉大，只希望能講明孔子的仁敎，恢復孔子應有的地位。孔子所揭示的價值理想，是全幅開展的人文主義的理想，這始終是我們民族慧命的泉源，應可繼續作爲人生文化的指導原則，倘使我們對那些基本觀念能重新確立，對種種人生價值文化理想獲得合理的安頓，則我們的文化生命必然可以有更燦爛的明天。

儒家道德的宗教觀

一　兩種文化精神

中國之文化精神重道德實踐，希臘之文化精神重理論科學。就文化思想之歷史背景言，希臘爲商業文化，其人常離鄉背井，往各地通商貿易，多見不同之山川風物與文化思想，易生驚奇之感。故柏拉圖謂哲學起于驚奇。又因希臘哲學源于殖民地，哲人多生活閒暇，不負實際社會政治之責任，故其哲學多以外在之宇宙人生爲對象，而作純學理之研究與純興趣之探討，其成就偏於科學理論及自然哲學，希臘初期各派之宇宙論與本體論，就是這樣成功的。希臘哲學旣生于閒暇，故柏拉圖又謂閒暇產生智慧。直至今天，西洋人還說文化是生于閒暇的。然而，始于驚奇，生於閒暇，本於興趣的哲學，對現實人生而言，並非迫切，人只有在現實人生的問題都解決了，至少暫時沒有現實人生的問題去困擾他，才會對事物產生驚奇與興趣。故可以說，由希臘所成就的理論科學，是人生的餘事，是暫把我們的人生推開，不動情感地，不急不忙地去求客觀了解自然宇宙的產物。由此所建立起來的理論，雖遠于人生，卻自有其獨立的系統與完整的天地。西洋人常說爲學術而學術，而不說爲人生而學術，就是承受了這希臘的傳統。

至於中國方面，由於農業定居，與其環境中之事物相處既久，易生情誼，故驚奇之念少而倫理之念篤。又因中國古代哲人，多屬聖君賢相，擔負着實際社會政治的責任，與萬民休戚相關，其問題不來自對自然之驚奇，而來自對於人生的憂患。所謂「萬方有罪，在予一人」的心情，是中國哲人同具的一種心情，這種心情決不是閒暇的。大禹治水，胼手胝足，孔子行道，栖栖皇皇，都是這種心情最好的寫照。因此，面對人生憂患，他們實無暇從事無關世道人心之純學理的研究，與純興趣的探討。而必須文以載道，以內聖外王爲其人生的志業。不可能純客觀地去從事理論的了解，而急於道德的實踐。若說希臘哲學生於驚奇感，則中國思想可謂生於憂患感。故中國人常說殷憂啟聖，多難興邦。又云：生於憂患，死於安樂。這和西洋人說文化生於閒暇，是恰恰相反的。

希臘哲人始於驚奇，生於閒暇，本於興趣而任以理智的思辨所成就的是科學理論，中國哲人生於憂患而本於仁心之不容已所成就的是什麼呢？我們可以說，中國人所成就的是道德實踐。這是中西文化思想在本源上的不同，爲我們所當首先認識的。以下我們即就中國文化之道德實踐精神，對儒家的宗教觀作一簡括的論述。

二　西方論證上帝存在與靈魂不朽的三個態度

在我們討論儒家的宗教觀以前，且先看看西方的宗教觀，以便反顯出儒家的獨特精神。

西方文化的遠原，大體上是由希臘的科學，希伯來的宗教，和羅馬的法律合成的。希臘和羅馬，當然也有他們的宗教，但今天代表西方宗教的基督教，則是希伯來的產物。希伯來是歷史上一個最不幸的民族，他們在耶穌以前，曾更迭地爲埃及人、亞述人、巴比侖人、波斯人、馬其頓人、希臘人和羅馬人所征服。他們原來也是一個生於憂患的民族，但因爲憂患太深了，使他們完全失去了對人的自信，不能平正地以道德實踐來創造和把握自己的命運，只有把一切情感和願望，都寄託在宗教的信仰上，祈求和禱祀上帝能拯救他們。因此他們的宗教，初只植根于一種主觀的願望和情感的祈求，其中並沒有什麼神學問題發生。神學問題的發生，由於情志上的信仰和理性上的明覺間的不調協而起。因此西方神學中的問題，要到希伯來文化與希臘文化相遇以後才開始。今天西方的基督教，其宗教信仰是屬於重情感的和重主觀祈求的希伯來文化的產物；其神學理論是連於重理智的和重客觀了解的希臘文化的產物；其教會組織是連於重意志的和重規律與組織的羅馬文化的產物。但希伯來的信仰和希臘的理性之不易調和，正如希臘的自由和羅馬的組織之不易調和一樣。我們現在並不是要討論西方文化中的衝突問題，也不是要考察希伯來的宗教信仰本身，而是要考察一下希伯來重情志的宗教信仰和希臘重理性的哲學理論相遇以後，西方人如何去解決他們的宗教問題。

談到宗教問題，我們首先就要問，究竟那些是宗教問題呢？我們可以說，一切宗教問題，都是環繞着人的生死問題而有的，佛家所謂世人生死事大是也。環繞着生死的問題，儒家有所謂性命天道與敬事鬼神的問題。我們稍後就是要從這兩方面去探討儒家的宗教觀。西方的宗教問題，和這兩個問題相當的，有上帝存在和靈魂不朽兩個問題。因此我們現在即試就這兩個問題來看西方哲人對解決宗教問題所採取的態度。

大體西方哲人對上帝存在和靈魂不朽的問題，曾以三個不同的態度來處理。

第一個態度是沿希臘哲學中之科學理論的精神，欲憑人的理性，證明上帝的存在和靈魂的不朽。他們認爲上帝的存在和靈魂的不朽都是可以證明的。故西方哲學史上有許多關於上帝存在和靈魂不朽的論證。像亞里士多德的上帝是個不動的動者。巴克來的上帝是給人類以觀念，並保住觀念世界之客觀存在的心。黑格耳的上帝是個絕對眞理等，最初都是爲了滿足知識理論的需要。而萊布尼茲從人的靈魂不是物理的東西，推證它是不佔空間的，不可分解的，因而也是不可毀滅的，都是從知識理論推證出來的。這種重知識理論的宗教觀，和儒家道德的宗教觀相對而言，可名爲純理論的宗教觀。西方人這一個企圖，自從康德宣稱純粹理論的理性不能證實或否證形而上的實在以後，已是完全失敗了。

西方哲學肯定上帝存在和靈魂不朽的第二條路，是康德（Jmonanuel Kant）所開啟的批導哲學的道路，批導哲學認爲上帝的存在和靈魂的不朽雖不能從純粹的理論理性去加以證明，卻可從人的實踐理性獲得根基。因爲在人的實踐理性中有許多深邃的要求，如求道德人格之完成，求福與德之合一等，康德認爲都是正當的，也是必須加以肯定的。但此等要求之實現，卻必須設定上帝的存在與靈魂的不朽，如是上帝的存在與靈魂的不朽，便在人的實踐理性中獲得根基，成爲保證人類實踐理性要求之實現的必需設定。由康德所開啟的這條道路是影響深遠的。

康德以後，黑格耳曾經出來大聲疾呼，攻擊那些宣稱我們不能對上帝或靈魂有理性的知識，而把宗教停留在信仰、情感和揣測裏的人。並慨歎那時代對於理性的絕望，最初還帶有一些痛苦和傷感的心情，最後到了批導哲學，卻把這種對永恆和神聖對象的無知視爲良知，並且把主張這種臆說的胡言，也公然自詡爲哲學。黑格耳對康德批導哲學義憤塡膺的攻擊，可以使我們看到一向注重理性的知識的西洋哲學，一旦被宣稱認識不了上帝、世界和心靈的本質時所引起的巨大震動。黑格耳呼籲人們重新信賴理性，使宗教重新獲得一理性的根據。他的辯證法，可以說就是爲提供這種新的理性的根據而設的。黑格耳的辯證法要我們由固定的知性概念所成就的有限知識或相對眞理中，不斷地「奧伏赫變」（揚棄）而成就辯證的思想之發展，以求接近上帝或絕對眞理。然而，由辯證的思維來了解的上帝，畢竟是少數哲學家的事，而且於人不親。如是，西方那巍巍然的上帝，便不得不從理智建構而成的寶座上落到人心主觀的情志上來。在這時候，如果我們不能再從主觀的情志上定住那個上帝，上帝便要隱退了。這就是實用主義的宗教觀所以產生的背景。

實用主義的宗教觀，可視為西方人對上帝存在和靈魂不朽的第三個重要態度。其中的代表主要為威廉詹姆士。他肯定宗教經驗的眞實，而不問上帝的存在與靈魂的不朽能否由純粹理性加以決定；也不像康德般以上帝存在、靈魂不朽的信仰來圓滿人之超越的要求；而著重說明這些信仰對人之生活有某種效用。只要這些信仰對人的生活有某種效用，便可因其有效用而說這是眞的。但說上帝的存在和靈魂的不朽是眞的，也就只眞到信仰他們時，能對我們有某種生活上的效用為止。過此以外，上帝的存在和靈魂的不朽更眞到什麼程度，便非實用主義者所究心的了。除詹姆士外，凡從社會政治之效用及其他一般文化效用來肯定宗教信仰之價值者，皆可屬之于這一廣泛的實用主義之中。此一實用主義之態度，可以說是西方文化中之理性與信仰相遇以後，在求合與求分以外的一種調和折衷的態度。

三 論語中的鬼神觀

現在我們回頭來看看儒家對天道鬼神等問題的態度是怎樣的。儒家對天道與鬼神的問題，大體上重實踐而不重知解，重體證而不重論證。他們很少孤立地去討論天道本身的問題，而往往連着性命去講，叫人盡性知命，從完成人生去接觸天道。他們也不孤立地去討論鬼神本身的問題，而往往連着祭祀去講，叫人盡其誠敬以與神明交。這都偏於實踐與體證一面，而不偏於知解與論證一面，這和我們以上所論之中國文化精神是非常相應的。以下我們先從論語和禮記來討論儒家對鬼神的態度，然後在篇末總論其對天道的態度。

孔子在論語中對死後問題或鬼神問題所持的態度，其要者凡三見。八佾篇云：

祭如在，祭神如神在，吾不與祭如不祭。

雍也篇云：

樊遲問知。子曰，務民之義，敬鬼神而遠之。

先進篇云：

季路問事鬼神。子曰，未能事人，焉能事鬼。敢問死。曰，未知生，焉知死。

以上三節文字應如何解釋，近人頗多爭論。今按朱注試爲疏解。朱注季路問事鬼神一節云：「非誠敬足以事人，則必不能事神，非原始而知所以生，則必不能反終而知所以死。蓋幽明始終，初無二理，但學之有序，不可躐等，故夫子告之如此。」程子云：「晝夜者，死生之道也，知生之道，則知死之道，盡事人之道，則盡事鬼之道，死生人鬼，一而二，二而一者也。」

按程朱之意，孔子認事鬼神之道，與事人之道是一貫的，是一而二，二而一的。這一貫之道，就是出之以誠敬。生事之以禮，死葬之以禮，祭之以禮。葬祭之禮，無非是生事之禮之延續；所謂事死如事生，事亡如事存是也。我想這和孔子的意思是很切合的。

至於朱注樊遲問知一節云：「專用力於人道之所宜，而不惑於鬼神之不可知，知者之事也。」程子云：「人多信鬼神，惑也，而不信者，又不能敬，能敬能遠，可謂知矣。」

上節程注云：「死生人鬼，一而二，二而一者也」，乃就事鬼神之道而言，只是說事人事鬼，均須本之於誠敬。但這並不是說我們對鬼神本身有所知。鬼神本身是不可知的，因而也就不足信。所謂不足信，即不可憑事鬼神來求取福祥。愚夫愚婦致力於事鬼神，而荒廢其人道所應爲，這就是惑，就是迷信，故不可謂智。智者首應用力於人道之所宜，這便可以看出孔子的人文精神，始終以人生問題爲本，人死問題爲末，不肯把人死問題從人生問題中獨立地提出來處理。如果我們倒果爲因，捨本逐末地去專事敬奉鬼神，甚至以人死問題爲主，以人生問題爲從，彷彿人生就是爲了人死，那就決非孔子之意了。但大智不傷仁，我們雖然認爲在知見上對鬼神本身不可知，卻不可因此絕去人對鬼神之誠敬。因生事之以禮，死葬之以禮，祭之以禮，是仁心的一氣貫通，今若因不信鬼神而不致其誠敬，便是傷仁。故謂「能敬能遠，可謂知矣。」

程朱對這一節的疏解，大體上也是對的。孔子對鬼神的態度是很謹慎的，他在智心上或知識上對鬼神存而不論，不積極加以肯定，也不消極加以否定，而置於神明不測之中。但在仁心上或情志上卻通過人的誠敬而加以肯定。智心與知識的對象是客觀外在的，仁心與情志的對象是主觀內在的。因此，孔子對鬼神的肯定，不客觀外在地說，而主觀內在地說。這便使我們很容易了解八佾篇祭如在一節的話。

朱注祭如在一節引范氏曰：「君子之祭，七日戒，三日齋，必見所祭者，誠之至也。是故，郊則天神格，廟則人鬼享，皆由己以致之也。有其誠則有其神，無其誠則無其神，可不謹乎。」

有其誠則有其神，無其誠則無其神，天神格，人鬼享，皆由己之誠敬所致。故鬼神之存在與否，繫于人之誠敬。能致其誠敬，則洋洋乎如在其上，如在其左右；無其誠則無其神。此所以謂吾不與祭如不祭也。范氏的解釋，也是很貼切的。

由以上的說明，使我們知道，儒家的宗教觀，早就不走西方人憑理智證明上帝存在和靈魂不朽的道路。凡欲憑理智證明上帝存在和靈魂不朽的，中國人都乾淨利落地認爲那是不智的事。這不是因爲中國人也像西洋哲學般走到理智的盡頭，才不得已放棄了這個企圖，而是因爲中國人理性清明，沒有許多情感上的沾滯，所以對人死的問題，能這樣豁達與明智。禮記檀弓上云：

孔子曰，之死而致死之，不仁而不可爲也。之死而致生之，不知而不可爲也。

孔疏曰：「生者以物往送葬於死者，而致死之意，謂之無復有知，是不仁之事，而不可爲也。以物往送葬者，而雖死猶致生之意，是不知之事，而不可爲也。」事死如事生是由於仁而不是由于智。從智上說，當不可視死猶生。故凡只從理智上證明鬼神的存在，都是儒家所不許的。

以上我們對孔子的宗教觀已有相當清楚的說明，但因論語的話，語焉不詳，不便作太多的推論，所以我們還要據禮記來作進一步的說明。

四 禮記的鬼神觀與實用主義的觀點

上節我們曾說明了中國人一向不走憑理智證明上帝存在和靈魂不朽的道路，因此西方人對待宗教問題的三個態度，現在只剩下批導哲學和實用主義的觀點了。這兩種觀點，今天許多人都用來說明儒家的宗教觀。究竟儒家的宗教觀與這兩種觀點是否一致呢？以下我們卽就禮記來加以討論。

首先我們看看儒家的宗教觀是否與廣泛的實用主義相一致。禮記祭統篇云：

及時將祭，君子乃齊。齊之爲言齊也，齊不齊以致齊者也。是故君子非有大事也，非有恭敬也，則不齊。不齊，則於物無防也，耆欲無止也。及其將齊也，防其邪物，訖其耆欲，耳不聽樂。故記曰，齊者不樂。言不敢散其志也。心不苟慮，必依于道，手不苟動，必依于禮。是故君子之齊也，專致其精明之德也。故散齊七日以定之，致齊三日以齊之。定之之謂齊。齊者，精明之至也，然後可以交于神明也。

又云：

祭者，澤之大者也。是故上有大澤，則惠必及下，顧上先下後耳，非上積重而下有凍餒之民也。是故上有大澤，則民夫人待於下流，知惠之必將至也，由餕見之矣。故曰，可以觀政矣。夫祭之爲物大矣，其具物備矣，順以備者也，其敎之本與。

又云：

夫祭有十倫焉，見事鬼神之道焉，見君臣之義焉，見父子之倫焉，見貴賤之等焉，見親疏之殺焉，見爵祿之施焉，見夫婦之別焉，見政事之均焉，見長幼之序焉，見上下之際焉。此之謂十倫。

又云：

禘嘗之義大矣，治國之本也，不可不知也。明其義者，君也。能其事者，臣也。不明其義，君人不全。不能其事，爲臣不全。夫義者，所以濟志也，諸德之發也。是故盛其德者其志厚，其志厚者其義章，其義章者，其祭也敬。祭敬，則竟內之子孫莫敢不敬矣。

凡祭之先，必須散齊七日，致齊三日，防其邪物，訖其耆欲，使心不苟慮，必依于道，手不苟動，必依于禮，以致其誠信，盡其忠敬，然後可以交於神明。是祭祀之道，可以使人誠敬。而誠敬不獨可以祭祀鬼神，且可以治事。其身敬，子孫不敢不敬，故禘嘗之義，可以爲治國之本。又祭祀必餕其餘以惠下民，故祭爲澤之大者，可以觀政。至謂祭有十倫，不但可以見鬼神之道，又可以見君臣之義，父子之倫，貴賤之等，親疏之殺，爵祿之施，夫婦之別，政事之均，長幼之序，與夫上下之際。則祭之爲敎，廣大深厚，確乎可以爲政敎之本矣。

由此觀之，儒家的宗敎觀，當有合於某種實用主義的觀點。因此曾子「愼終追遠，民德歸厚矣」的話，常被解釋爲實用主義的。但如只用實用主義觀點來論祭祀，只要祭祀的結果有裨政敎，便以祭祀爲對，只要愼終追遠的結果能使民德歸厚，便認愼終追遠爲是，那便是爲了政敎的效用才去祭祀，爲了民德歸厚的效用才去愼終追遠。如果這些效用消失了或改變了，就再沒有理由去祭祀和愼終追遠了。馬克思主義者說宗敎是人民的鴉片，正是從效用上來否定宗敎的價值。所以，假如宗敎只從實用的觀點上建立，是沒有眞正的根基的。然則儒家的祭祀鬼神，除了可以產生文化效用外，是不是還有別的根源呢？郊特牲云：

萬物本乎天，人本乎祖，此所以配上帝也。郊之祭，大報本反始也。

祭統篇云：

祭者，所以追養繼孝也。

祭法篇云：

夫聖王之祭祀也，法施於民則祀之，以死勤事則祀之，以勞定國則祀之，能禦大菑則祀之，能捍大患則祀之……非此族也，不在祀典。

由上三節，可知儒家之祭祀，乃因萬物本乎天，人本乎祖，百神有功烈於民，故祭天、祭祖、祭百神。祭天是爲了報本反始，祭祖是爲了追養繼孝，祭社稷堯禹日月星辰山林川谷之百神是爲了崇德報功，這完全本於知恩報德的道德感情，其初可以沒有任何實用的目的。故只依效用的觀點，去肯定祭祀本身的價值，那是不對的。

五　禮記的鬼神觀與批導哲學的觀點

然則儒家的宗教觀，是否與康德的批導哲學的觀點相同呢？這是我們現在所要探討的。不錯，康德的見解有許多地方和儒家很接近，最重要的，是儒家立根于人的情志，而不立根于人的理智以論生死問題。這從禮記論明器各節中，可以清楚地看出來。檀弓上云：

> 孔子曰，之死而致死之，不仁而不可爲也。之死而致生之，不知而不可爲也。是故竹不成用，瓦不成味，木不成斲，琴瑟張而不平，竽笙備而不和，有鐘磬而無簨虡，其曰明器，神明之也。

又云：

> 仲憲言於曾子曰，夏后氏用明器，示民無知也。殷人用祭器，示民有知也。周人兼用之，示民疑也。曾子曰，其不然乎。夫明器，鬼器也。祭器，人器也。夫古之人胡爲而死其親乎。

檀弓下云：

> 孔子謂爲明器者，知喪道矣，備物而不可用也。哀哉，死者而用生者之器也，不殆于用殉乎哉。其曰明器，神明之也。塗車芻靈，自古有之，明器之道也。

所謂明器，乃塗車芻靈之屬，用以送葬於死者之器，故曰鬼器也，猶今粵人燒與死人之紙人紙錢，紙車紙屋之屬，皆備物而不可用。所以令其不可用，乃因死生有別，不可在知見上眞個視死猶生。故曰：往送葬於死者，而認死者雖死猶生，乃不智而不可爲之事。然而不可用仍要備物，乃因情所不容已，不能在情感上眞認死者無復有知，而斷絕一切鬼神的信仰。故曰：往送葬于死者，而認死者無復有知，乃不仁而不可爲之事。因此曾子不同意仲憲謂夏后氏用明器在示民無知的話。人一方面不可無知到「用殉」，也不可無情到「死其親」。如是聖人乃作爲明器以神明之，置鬼神於不測之中。

人死以後，既不便謂有知，亦不便謂無知，鬼神之爲物，既不可謂如現實事物之有，亦不可謂畢竟之無，而置于神明不測之中。究竟人死後有知呢？無知呢？鬼神是有呢？還是無呢？如鬼神爲有，如何證明？如鬼神爲無，則我們祭祀鬼神，豈不是和無客而行客禮一樣荒謬嗎？這似乎是兩難的問題，在禮記中卻有極精當的答案。

在此，儒家處理死後與鬼神的問題，雖然和康德般訴諸情志，卻和康德依然有着相當的距離。這是我們不能不加以指出的。

康德的客觀的上帝與不朽的靈魂，是基于肯定人之求善與福之圓滿合一之超越要求而被設定的。爲了保證人可達于福德兼備之境，爲了滿足人的情志要求，不能不設定上帝的存在和靈魂的不朽。這是西洋人在客觀上找尋上帝和靈魂失敗了，回過頭來，欲在主觀情志上把祂再建立起來。但康德爲了保證人的情志要求的實現而設定的客觀上帝和不朽靈魂，只是從人的情志中呼喚出來的。這呼喚出來的客觀上帝和不朽靈魂，和推證出來的一樣，對我們而言，不但不能有眞切的實感，而且也不能有確實的保證。

儒家則不著重建立上帝與靈魂之客觀存在，而著重對鬼神主觀的體證。因爲宗教的眞理，必須扣緊主體的實感講才有意義，只肯定客觀上有天道與鬼神（上帝與不朽的靈魂），如果我們對他們的存在沒有實感，那也是沒有意義的。故儒家雖不從理智方面肯定客觀的鬼神的存在，也不以保證情志要求的實現爲理由而呼喚出鬼神的客觀存在。然則儒家的鬼神存在於什麼地方呢？我們又如何能對鬼神有眞切的實感呢？

禮記對于這個問題的答覆是這樣的：鬼神的存在，可以通過主觀誠敬的工夫，而對之有眞切的實感。且卽就此等實感，卽可對其存在加以肯定。故鬼神之有無，繫于人的誠敬。誠則有之，不誠無物。這是和康德大異其趣的。祭義篇云：

> 致齊于內，散齊于外。齊之日，思其笑語，思其志意，思其所樂，思其所嗜。齊三日，乃見其所爲齊者。祭之日，入室，僾然必有見乎其位，周還出戶，肅然必有聞乎其容聲，出戶而聽，愾然必有聞乎其歎息之聲。

如果我們說，在誠敬的祭祀當中，洋洋乎如在其上，如在其左右的鬼神實感，是一形而上的存在，則儒家對鬼神存在的實感，是形上形下，打成一片的。儒家與萬物的感通，本來就是親而不隔，眞實無妄的。這和西方知識論中的觀念論、經驗論和現象論不同。觀念、經驗和現象，都可以說是外物顯現在我們面前的樣子，而外物本身，可以被視爲隱蔽于觀念、經驗和現象背後的。因此，西洋哲學在這個可見的世界以外，還有許多本體世界，可能世界和不可知的世界。而儒家所對的天地萬物，則是歷然在目，全部彰顯的。如易經所云：「聖人作而萬物覩」。故能形上形下，一體貫通。如是，人乃可以由追憶或思念形而下的感覺印象中，體現出形而上的鬼神之存在。

上引祭義篇所云，由於齋之日，思念所祭者之笑語、志意、所樂、所嗜，舉凡所祭者生前對祭者留下的印象，均一一以誠敬之心追憶之，使之重新復活過來，儼然如見其人，如聞其聲，最後乃見其所爲齋者。至祭之日，則僾然必有見乎其位，肅然必有聞乎其聲，故能確乎有一種洋洋乎如在其上，如在其左右之音容宛在之實感。這種形而上的實感，是由對所祭者平生的感覺印象加以誠敬的追思而有，故祭統篇云：「夫祭者，非物自外至，自中出生於心者也。」

然而，鬼神雖非物自外至，而自中心之誠敬生出，卻又非同無中生有的主觀想像。因爲祭者對所祭者之聲音笑貌的思念，到底是眞實的。祭者致其誠敬，回念所祭者，而覺其音容宛在，不是可以憑空揑造出來的。故曰：「非其鬼而祭之，諂也。」因此我們只能由此證明儒家對鬼神的存在有非常眞切的實感，而不能說他無中生有，純任主觀。

再者，說儒家的鬼神非純任主觀，無中生有，也不是說儒家肯定鬼神有離開主觀體證的客觀外在的存在。這是和康德的觀點不同的。康德必須肯定上帝和靈魂的客觀存在。因為客觀的上帝與不朽的靈魂，是為了保證人類情志要求的實現而被呼喚出來的，如果這些被情志呼喚出來的上帝和靈魂沒有客觀的存在，便不能保證人類情志要求的實現，因而也就失去必須設定其存在的根據。故康德由主觀情志呼喚出來的上帝和靈魂， 必然要肯定他們有客觀的存在 。根據康德的哲學，人在實踐理性中的普遍要求，是既超越而又內在，既主觀而又客觀的，凡在實踐理性中被肯定的，就不須用一般的經驗去證明。所以上帝的存在和靈魂的不朽，既在實踐理性中被肯定，就足以為其客觀存在的根據。究竟客觀的上帝和不朽的靈魂是否如康德所言，能依實踐理性而客觀地建立呢？是否由理智證明不了的上帝，卻可以從情志的呼喚中建立起來呢？這不是我們現在所要討論的問題。我們所要說明的是：儒家在注重對鬼神之存在有主觀內在的眞切的實感一點上，和康德之注重依實踐理性去建立上帝存在與靈魂不朽的態度並不相同。

儒家對鬼神的敬奉，完全是道德的，祭天是為了報本反始，祭祖是為了追養繼孝，祭百神是為了崇法報功。因為天地是生之本，先祖是類之本，居師是教之本，他們早已對我們有德有功，因此祭祀不是為了祈求，而是為了報答，祭祀不是宗教的行為，而是道德的行為，人除了自盡其心以外，對鬼神一無所求，他們不必建立客觀外在的鬼神之存在，故能保持理性的潔淨。儒家只要我們在祭祀時確有洋洋乎如在其上，如在其左右的實感便夠了，更不必去妄事推求，或把主觀的實感，反射到客觀去，成了個客觀的存在，而只置鬼神於神明不測之中、內外感通之際。儒家的敬事鬼神所以完全是道德的，可以從他們祭祀百神，完全爲了崇德報功一點加以說明。儒家在崇德報功的心情廣被之下，舉凡一切有功于人者，均索而祭之。郊特牲云：

天子大蜡八。伊耆氏始爲蜡。蜡也者，索也。歲十二月，合聚萬物而索饗之也。蜡之祭也，主先嗇而祭司嗇，祭百種以報嗇也。饗農及郵、表、畷、禽獸，仁之至，義之盡也。古之君子，使之必報之。迎貓，爲其食田鼠也。迎虎，爲其食田豕也。迎而祭之也。祭坊與水庸，事也。曰：土反其宅，水歸其壑，昆蟲毋作，草木歸其澤。皮弁素服而祭。素服，以送終也。葛帶榛杖，喪殺也。蜡之祭，仁之至，義之盡也。

祭法篇云：

燔柴于泰壇，祭天也。瘞埋于泰折，祭地也。用騂犢，埋少牢于泰昭，祭時也。相近于坎壇，祭寒暑也。王宮，祭日也。夜明，祭月也。幽宗，祭星也。雩宗，祭水旱也。四坎壇，祭四方也。山林、川谷、丘陵，能出雲、爲風雨、見怪物，皆曰神。（孔疏：此明四坎壇所祭之神也。怪物，慶雲之屬。風雨雲露，並益于人，故皆曰神而得祭也。）

人充其報本反始、追養繼孝、崇德報功之心，不但爲先祖之孝子，且亦爲乾坤之孝子，故舉凡天地四時、日月星雲、山林川谷、先嗇司嗇、昆蟲貓虎、郵表庸坊，均索而祭之，這眞可謂仁至義盡了。可能有人認爲像這樣祭祀不三不四的神祇，未免駁雜不純。然人之所以祭祀這些不三不四的神祇，並非對他們有所祈求，而完全出于「使之必報之」的崇德報功的心情。所謂「土反其宅，水歸其壑，昆蟲毋作，草木歸其澤」云云，似有祈禱之意。然孔疏云：「蜡祭乃是報功，祝辭言此神由有此功，故今得報，非祈禱也。」故祭祀決非志在求取福祥。若謂祭祀可以得福，至多亦如祭統篇所云，能使人內盡于己，外順于道，而得百順之福耳，非世之所謂福也。祭統篇云：

賢者之祭也，必受其福，非世所謂福也。福者，備也。備者，百順之名也。無所不順者之謂備。言內盡于己，而外順于道也。忠臣以事其君，孝子以事其親，其本一也。上則順于鬼神，外則順于君長，內則以孝于親，如此之謂備。唯賢者能備。能備然後能祭。是故賢者之祭也，致其誠信，與其忠敬，奉之以物，道之以禮，安之以樂，參之以時，明薦之而已矣，不求其為。此孝子之心也。

賢者之祭，旨在致其誠信，與其忠敬，奉之以物，道之以禮，安之以樂，參之以時，而明薦之而已，不求其為。所謂「不求其為」，朱注引應氏曰，「無求福之心也，所謂祭祀不祈也。」賢者之祭，無求福之心，而必受其福者，蓋其福非本於鬼神，而由於其對鬼神之敬事之道德實踐。儒家聚萬物而索饗之，本無祈禱求福之心，唯務自盡，故謂「祭祀之禮，主人自盡焉爾，豈知神之所饗，亦主人有齊敬之心也。」（檀弓下）只求自己仁至義盡，而不對鬼神有所祈求的祭祀之禮，則在他誠敬祭祀時，已經求仁得仁，求則得之，因此更不必設定鬼神的客觀存在去保證他所祈求的獲得實現。像這樣仁智兼盡的道德的宗教觀，難道我們還能說它駁雜不純嗎？

以上我們就儒家的鬼神觀，說明了儒家的宗教觀完全偏重在盡己一面，或道德實踐一面，而不注重論說鬼神之客觀存在。「祭祀之禮，主人自盡焉爾」，鬼神之來饗與否，固不可知，即使鬼神來饗，鬼神之存在，也只能扣緊我們主觀的實感說。至於離開我們主觀的實感，有沒有鬼神的客觀存在，那就採存而不論的態度，置之於神明不測之中。這便可以免除康德所可能招致的批評。但說儒家的宗教觀偏重在盡己一面，或道德實踐一面，不能把儒家的祭祀理解為無客而行客禮，或認儒家的鬼神是無中生有的。因為儒家通過誠敬的思念，確實可得一鬼神存在的實感。此一實感之產生，既非純屬外在，亦非純屬主觀，而存于內外感通，神明不測的天人之際。故凡對鬼神之事，憑一般知解，推說為現實之有或為畢竟之無，都成邊見，這是理解儒家宗教觀時所應特別注意的。

六　儒家性命之學中的宗教精神

關于康德指稱人在宗教生活中，要求各種價值獲得超越而圓滿的實現，這是普遍存在的嗎？如是普遍存在的，康德以客觀的上帝、不朽的靈魂保證其必能實現，儒家對這些情志要求又如何解決呢？

儒家對人生求一切價值的保存與實現等要求，都是加以肯定的。但對于如何使這些情志要求獲得實現，卻只有要我們盡性。所謂盡性，可以說是要我們盡最大的努力，把一切未實現的價值，實現出來。故儒家主張健行不息，吃緊爲人，鞠躬盡瘁，死而後已。孔子一生周遊列國，栖栖皇皇，欲大行其道于天下。及自衞返魯，知道之不行，仍刪詩書，定禮樂，精進不已，可爲儒家盡性的榜樣。

然而，人生有盡願無盡，欲以有盡的人生，實現無盡的理想，是決不可能的。然則孔子對于這一不可逃的人生缺憾，採取什麼態度呢？也和西方宗教般求助于上帝嗎？不，上帝有上帝的意思，我們不能以我們主觀的意願要求上帝保證其實現，何況上帝是在神明不測之中，不可禱求的呢？於此孔子便要我們知命。所謂知命，一方是知天之所命于我者，這可由我之盡性而得知，故此中盡性卽是知命與立命；一方是知道在我們主觀的願望和努力外，還有個客觀的天意與限制。在盡性之事以外，還有命在。我們一方面要盡我們的性，一方面亦不能怨我們的命。故儒家常要人盡性知命，行法俟命。若對天命毫無所知，不知盡性卽是知命立命，不知盡性之事以外，還有天命的限制，只對己性堅執不捨，而至于怨命怨天，使天命之性，成了個私欲，這就決非儒家應有的態度。孟子公孫丑下有一段很好的記載，足以說明儒家對天人之際的一種態度，現引述如下：

孟子去齊，充虞路問曰，夫子若有不豫色然。前日虞聞諸夫子曰，君子不怨天，不尤人。曰，彼一時也，此一時也。五百年必有王者興，其間必有名世者，由周而來，七百有餘歲矣，以其數，則過矣，以其時考之，則可矣，夫天未欲平治天下也，如欲平治天下，當今之世，舍我其誰也，吾何為不豫哉。

孟子這一節話是非常深遠的，孟子自負堯舜禹湯文武周公孔子之道，不遠千里而見齊王，固欲大行其道于天下，這是行于性之所不容已的。今不遇而去，當非所願，故朱注云：「此孟子所以不能無不豫也。」惟孟子之去齊，雖三宿而後出晝，然終浩然有歸志者，乃由其自信不見用于齊，絕非因己性有所未盡，只是天未欲平治天下耳。是知道之將行將廢皆有天命的限制，人意以外，尚有天意，不可強求，而自止于命之無奈何，此朱注所以終謂孟子「雖若有不豫然者，而實未嘗不豫也。」孟子不遠千里而見齊王，是率性而動，不遇而去，當然有所不豫，然終無不豫者，知尚有為客觀限制之命而止也。一方行于性之所不容已，一方止于命之所無奈何，不因有客觀的限制而放棄了主觀的努力，亦不因主觀的努力而抹煞了客觀的限制，天人之際，相敬以禮，決不執着主觀的願望，硬要上帝保證這些願望的實現。在儒家看來，人對主觀願欲的堅執，並不表示偉大，徒然是褻瀆神明而已。故如道家之求長生，一直被儒家認為是一種私欲。

儒家不怨天，不尤人，率性而行，知命而止，叫人只要做到俯仰無愧，則人生雖不能十全十美，也只好讓缺憾還諸天地，雖不成功，亦可成仁。在成仁處，求得安身立命之所，這是儒家特有的一種宗教精神。然而這種宗教精神得來也並不是輕易的。儒家的知命是嚴肅的，不同于莊子的灑脫與釋氏的出世。儒家對于人性中許多深情大願之未能成就，到底免不了許多感慨，故孟子去齊，則有不豫之色，孔子賦歸，則悲道之將廢，將死，則歎哲人其萎。爲了成就人性中的深情大願，儒家便把個人人生完成不了的願望，寄託到歷史文化上，希望由一人一代實現不了的，可以在綿延不絕的歷史文化中獲得實現，這便使儒家產生一種極濃厚的歷史文化意識。在這種意識中，甚至認爲個人人生的不朽，也只能在歷史文化上求，故叔孫豹的三不朽論，一向爲儒家所接受，成爲求人生不朽的傳統見解。

可是，寄望于個人人生不可靠的，寄望於歷史文化便一定可靠嗎？歷史文化的綿延，不但要靠我們的道德實踐，如果我們不能對歷史文化盡應盡的義務，則歷史文化也可以毀滅。而且進一步說，縱然歷史文化不毀滅，歷史文化本身也只是一個有限的存在，在這有限的存在中，也決不能成就無窮的大願的。故在歷史文化中，和在個人人生中一樣，也只能率性而行，知命而止，行于性之所不容已，止于命之所無奈何。人生的大願，依然沒有究竟的解決。而儒家重視歷史文化，也並不是要在歷史文化中討個究竟的解決。生命本來就是一個奮鬪的歷程，只要有生一日，便無所謂究竟的解決，只有健行不息，精進不已，才是人生的眞諦，歷史文化的眞諦。

人生以其無盡的悲願，投入這無盡的宇宙中和歷史文化中，無所掛搭，只有回到當前的道德實踐上來安身立命，以求求仁得仁，這不是西方文化所能忍受得了的。西方人爲了達成他們的願欲，便創造出一個愜意的上帝來，使其情感獲得慰撫。我們很難說這有什麼不好，但儒家卻不肯這樣做。孔子是一個剛者，儒家的精神是一種剛健的精神，他寧忍受人生的悲涼，也不肯被情感軟化下來，躲到永恆不變的天國，或不生不滅的涅槃裏去。天國與涅槃不但不屬于這個世界，而且在那裡是沒有生命的奮鬪的。儒家卻要始終立在這個世界上，生生不已。對人生而言，這種仁以爲己任，死而後已的道德實踐，眞是太過任重而道遠了。可是，如果你因情感上受不了而徇私地塑造一些圖像來安慰自己，甚或要求上帝來滿足你，那你便陷在情感的深淵裏，將因此失去理性的淸明而迷惑起來。智者不惑。儒家寧願克制自己的情感，要我們「克己復禮」，也不肯受一廂情願的上帝所撫慰。這種剛健的精神，決不是感情脆弱的人所能接受的，然而卻在人類文化中放射出無比的光輝。

儒家這一剛健的精神，不但揭示了理性的潔淨與人生的莊嚴，而且也揭示了人性的無限與天命的莊嚴。在這一無限之情與莊嚴之感中，不但使人達到一種歷史的感情，也使人達到一種宇宙的感情，不但使人生成爲歷史的人生，也使人生成爲宇宙的人生。在這盡性知命的道德實踐中，使我們很親切地接觸到一個天道。這個天道既不完全在我們的性以外，也不完全在我們的性以內，依然和鬼神一樣，存在于性命之交，天人之際，爲我們道德實踐中所親切地體認得到的。這種天人合一的宗敎精神，決非理智的遊戲或私情的祈求所能獲致。可以說，這是儒家道德的宗敎觀的極致，也是人類文化中之宗敎精神的極致。

論先秦諸子天人關係思想之發展

一　周初的天人關係思想

我們這個宇宙，對洪荒時代的人類而言，原來無所謂規律，無所謂秩序，也無所謂是非與善惡，它祇是一個瞬息萬變、雜亂無章的赤裸裸的自然。但這個宇宙自從有了人類以後，便逐漸在那裏轉化。因爲人活在宇宙中，並不是一個被動的存在，而是一個有着無限要求和無限嚮往的存在。他們要求有規律與秩序，有是非與善惡，要求一切價值獲得超越的圓滿與悠久的實現。他不能忍受一個赤裸裸的自然。因此人類的文明，一開始便努力建立一個有規律、有秩序的宇宙，要從無所謂價值的自然中找尋出價值，從無常中建立有常，卒使這個黑漆一團的赤裸裸的自然，成爲一個閃耀着人性的光輝的有常的世界。這是人類文化所同有的輝煌燦爛的成就，亦即人類在天人關係上所獲得的成就，實在是值得我們大書特書的。

本文並不是要探究人類文化在各種不同背景中的不同成就，而祇探討中國先秦諸子關於宇宙和人生的關係、天道和人道的關係是如何開展的。或更簡單些說，本文就是要論究先秦諸子天人關係思想的發展。因此，關於先秦諸子究竟對宇宙或天道持怎樣的一種看法，因而相應地產生一種怎樣的人生觀或人道觀，並從他們對天人關係思想的不同，說明先秦哲學思想之發展，都是本文所要討論的。

近人論先秦諸子，大都從孔子講起。這並不是要低貶孔子，只是從王官之學流而爲百家之言，孔子實開其端，講諸子從孔子始，在學術史上有許多方便，因此本文即以孔子爲首。但爲了明白孔子的天人關係思想的淵源，我們還得追溯一下周初的狀況。

人類的文化，皆導源於宗教，中國自亦不能例外。中國在周以前的宗教，大抵仍停留在原始宗教的階段，這可從殷人的行爲，似乎完全決定於卜辭而加以證明。原始的人類，帶着生命中無限的要求和嚮往來到這個世界，一種強然的生命意志促使他們毫無考慮地努力生存下去，但洪荒的宇宙，時刻有風雨雷霆和洪水猛獸的侵襲，卽使在我們今天看來是吉祥嘉慶的佳花美木和珍禽異獸，在那時也是可怕的。人要在這樣一個充滿恐怖駭懼的無常的宇宙中安定下來，便幻想自然現象的背後，有一些人格神，憑着我們的祈禱、崇拜、奉獻和供養，可以和他們建立友好的關係，因而希望得着他們的庇護和恩賜，這便產生了原始的宗教。故原始的宗教，大都把私意的祈求和雜亂的神祇糅合爲一，把一切私欲，都求之於神祇，因而產生種種迷信。

殷人的宗教，雖然已經有了演進，但基本上還是原始宗教的形態。周初的天道觀，大體是承襲殷人這樣一個原始宗教的天道觀而來的。因此周初的天，仍是宗教性的，天是至高無上的神祇，他統率着百神，也主宰着宇宙。一切自然現象，如爗爗震電，百川沸騰，高岸爲谷，深谷爲陵等，都是他的意志的表現。（見詩小雅十月之交）人生的吉凶歷年，皆由天命。（見書召誥）因此這個三星所在、雷電以風的悠悠蒼天，已不復是一個自然之天，而是一個崇敬的對象。

周初至高無上的神，除了「天」以外，還有「帝」。「天」是就我們頭頂上的蒼蒼者與悠悠者加以神聖化而成的，因此人格神的意味非常少，至於「帝」則完全是一位人格神，而且有着擬人的形象。詩大雅文王云：「文王陟降，在帝左右」。這顯見上帝是有形象的，否則不可能說在帝左右。詩大雅生民云：「履帝武敏歆」。朱注：「履，踐也。帝，上帝也。武，迹。敏，拇。歆，動也。姜嫄出祀郊禖，見大人跡而履其拇，遂歆然如有人道之感。」可見上帝的形象還是擬人的；否則便不會有大人之迹。至於詩大雅蕩，則索性把「蕩蕩上帝」比作下民之君了。

天和帝這兩個觀念既有這樣的分別，然則他們在本源上是一還是二呢？這確是一個問題。不過，我們在此大可以不必作歷史的考證，至少有一點我們是可以確定的。根據現有文獻，到了周初，天帝二觀念已往往合而爲一，即使分言之，也不是代表着兩個東西，而是指謂着同一對象的不同方面而已。如大雅雲漢謂「昊天上帝」，書召誥謂「皇天上帝」，這是天與帝合而爲一的證據。孔安國傳書仲虺之誥云：「天以形體言，帝以主宰言」，朱子注詩小雅正月引程子云：「以其形體謂之天，以其主宰謂之帝。」這是以天與帝的不同的名，指謂着同一的實的證據。但這裏所謂天以形體言，不是指擬人的形體，而是指我們頂戴着的蒼蒼者悠悠者而言。因爲這是可以指目的，故云以形體言。帝雖是擬人的，但卻不可以指目，故云以主宰言。可見周初的天和帝兩個觀念，名雖有別，實無不同。

然則周初的天帝具有一些什麼性質呢？根據周初的典籍，我們可以看出周人曾賦予天帝以下的性質。

一、天帝是仁愛的。這是可從天帝生人生物，哀矜四方，命有德，討有罪等加以說明。詩大雅蕩云：「天生烝民」。皇矣云：「皇矣上帝，臨下有赫，監觀四方，求民之莫」。又云：「帝謂文王，予懷明德。」書皐陶謨云：「天命有德……天討有罪」。即是其證。

二、天帝是正義的。這可從天帝之監察下民，主持正義，賞善罰惡，毫不差忒等加以說明。書高宗肜日云：「惟天監下民，典厥義。」詩大雅大明云：「有命自天，命此文王。」書湯誓云：「有夏多罪，天命殛之。」詩大雅抑云：「昊天不忒」。即是其證。

三、天帝是有理則的。這除可從詩大雅皇矣：「不識不知，順帝之則。」書皐陶謨：「天叙有典，勅我五典五惇哉，天秩有禮，自我五禮有庸哉」等語加以直接的證明外，復可從他所生人物之有理法，以推知天本身亦有理法。如詩大雅烝民：「天生烝民，有物有則，民之秉彝，好是懿德。」左傳成公十三年，劉康公曰：「吾聞之，民受天地之中以生，所謂命也，是以有動作禮義威儀之則，以定命也，能者養之以福，不能者敗以取禍。」卽是其證。

然而，說天帝是仁愛的、正義的和有理法的，只是周初人們對天帝的要求和信仰，這不是可以用事實或邏輯加以證明的。因此這樣一個天帝，決不能離開人們的宗教要求而有客觀的保證，也不能離開人們的宗教信仰而有眞實的意義。不過，對周初的人來說，天帝當然被認爲是個不爲堯存、不爲桀亡的客觀存在。

上述周初繼承着殷人的原始的宗教觀，把一切的要求都一古腦兒交託給天帝，究竟這個天帝是不是眞能滿足人們的要求呢？周初對天帝的信仰能否保持得住呢？答案當然是否定的。因爲當人們把一切私欲都向天帝祈求時，天帝是決不能予以滿足的。既不能滿足人們的要求，則人們對由這些要求所呼喚出來的天帝的信仰，便跟着動搖了。因此在周初的典籍裏，我們除了看到許多稱頌天帝仁愛、正義和有理法的話外，還常常看到對天帝之暴虐、不公和反常致其怨懟之辭。如詩大雅板云：「天之方虐，無然謔謔。」詩大雅蕩云：「疾威上帝，其命多辟。」（朱注：疾威，暴虐也。）這是怨天帝的暴虐的。詩小雅巧言云：「悠悠昊天，曰父母且，無罪無辜，亂如此憮。昊天已威，予愼無罪，昊天泰憮，予愼無辜。」詩小雅小弁云：「民莫不穀，我獨于罹，何辜于天，我罪伊何，心之憂矣，云如之何！」這是怨天的不公平的。詩大雅板云：「上帝板板，下民卒癉。」（朱注：板板、反也。言天反其常道，使民卒病矣。）詩唐風鴇羽云：「悠悠蒼天，曷其有常。」這是怨天的反常的。此外對天帝怨懟之辭，單就詩經而言，觸目皆是。這不是清楚地顯示出周初人們對天帝的信仰，已開始動搖了嗎？

不錯，周初雖然對天帝有這麼多怨懟，但對天帝的信念，還沒有完全消失。正因爲他們仍信仰天帝是仁愛、正義和有理法的，所以他們才會在遇到暴虐、不平和反常的事時便埋怨他。如果他們認爲天帝本來就是殘暴、偏私和無理則的，則我們決不會對他有所怨望。孟子曰：「怨，親親也。」親親才能怨，這是很對的。但儘管如此，已使我們看到原始宗教的隄防已開始潰決了。如果讓這些缺口繼續擴大，終必使原始宗教的天道觀完全崩潰。這在我們今天看來，似乎並沒有什麼問題，但這一天道觀卻是當時人們賴以安心立命的憑藉，這才成了一個嚴重的文化問題。

原始宗教的天道觀，信仰自然的背後，有一位我們可以和他建立友好關係的天帝，在我們今天看來，這種迹近迷信的天道觀，並不值得去留戀。但這總比一個赤裸裸的自然好。因爲那赤裸裸的自然是無情的、渾沌的和無常的。我們對它簡直徬徨無計，不知所從。至於神明不測的天帝雖然也是無常的，但至少在我們的信仰中，他是仁愛的、正義的、和有理法的。人們和他相處，已經有了一些途徑，我們起碼知道怎樣去敬事他、討好他。我們面對這樣一個有了人性的宗教性的天，不是比面對那沒有人性的生糙的自然要好得多嗎？

可是，目前的問題，由於文化演進，人智日開，那一廂情願的天道觀要原封不動地執迷下去，已勢所不能了。但我們卻不能沒有一個可以使我們安心立命的新的天道觀。那末怎辦呢？正當這個時候，文王和周公卻承擔了這一文化使命。他們一方面轉化了傳統的宗教，一方面也穩住了天帝的德性。對原始宗教作徹底的轉換和淨化，雖然要到孔子才完成，但這一道路不能不承認是由文王和周公所開啟的。

文王和周公大抵是通過歷史的反省，正視了天命無常的事實，因而以競競業業的心情去疾敬德，創下了周代八百年的基業，而且也因此重新肯定了天帝仁愛、正義、和有理法的德性。一般人由「民莫不穀，我獨于罹」而產生「昊天疾威」、「上帝板板」的感嘆，這只是一種失望情緒的流露。他們感嘆過後，還是對天帝有許多渴求和祈禱，當然也會有更多的失望和感嘆。因此這完全是消極的。然而，作爲勝利者的周王室，在「天乃大命文王」（書召誥）的時候，竟然也誠惶誠恐地大談「駿命不易」、「天命靡常」（見詩大雅文王），這就有點不平常了。他們當然不是作失望的感嘆，而是從歷史的反省中，確實認識到天命是無常的，所以才能用這樣清楚的話表述出來。他們的體悟是有積極的意義的。因爲既肯定了天命無常，人便不能指望在私意的祈求中獲得天帝永遠的眷顧。爲天命不再是無條件的，不再是可以用私意求的，只有加強自身的敬德，天才會繼續降命給我們。商革夏命，周革殷命，周公都解釋爲由於桀紂的失德和商湯周文的修德所致，這就使人們對天人關係的思想有了新的轉向。

書經周書召誥和君奭篇記述當時之天命觀甚詳。畧謂夏商歷年長短，所不敢知；所知者，惟不敬厥德，乃早墜厥命。殷墜厥命，有周既受，亦不敢知其基業永孚于休美。因天難諶信，命不易保，天命民心，去就無常，故不敢苟安天命，亦不敢不永念天威。此時，人所能盡力的，實惟在人而已。故曰：「王其疾敬德」。又曰：「我道惟寧王德延」。而敬德一觀念，也成了西周以下一個極重要的觀念。

敬的觀念原來是宗教性的，那是人在宗教生活中，面對我們所崇奉的神祇時的一種凝歛和戒愼的精神狀態。這是對神祇的虔敬。但周初的敬德卻與此不同。因爲敬德主要不是敬神，而是敬我們自己的德行。雖然敬德也包含「小心翼翼，昭事上帝」的意思，但更重要的是以一種兢兢業業的心精去實踐我們的責任與義務。這是一種反求諸己的精神。就由於這一精神，才開展了儒家的人性論，使人在無盡的道德實踐中，體悟到一個於穆不已的天道。而中國天人合一的思想，也在這一轉向中立下了根基。詩周頌維天之命云：

維天之命，於穆不已，於乎不顯，文王之德之純。

此詩中庸引以說明至誠無息之意。其言曰：「詩云：維天之命，於穆不已，蓋曰天之所以爲天也。於乎不顯，文王之德之純，蓋曰文王之所以爲文也。純亦不已。」中庸在此把深遠不已說成是天之所以爲天，亦卽天之本質。把純一不雜說成文王之所以爲文，亦卽文王之本質。又純亦不已，文王純於天道，故亦不已。於是文王之德，與天之命是合一的。不過以不已爲天之本質，本體論的意味太濃，還不是周初的思想。周初的天，大體上仍是宗教性的，故這裏所謂天命，並非如朱子所謂的天道，而只是天帝的降命。

上面不是說過文王周公已認識到天命的無常嗎？爲什麼這裏又說天命不已呢？當知此處原來並不是泛說天命的本質是不已的，而只是稱頌文王之德之純，盛大顯著，使上天不斷地降命於周而已。故天命的不已，是以文王之德之純爲條件的，沒有文王純亦不已之德，就不會有上天於穆不已之命。因此文王之德與上天之命的關係，與其如程子所云，是由於「天道不已，文王純於天道，亦不已。」不如謂文王之德，純亦不已，故天之降命亦不已。詩大雅文王云：「穆穆文王，於緝熙敬止，假哉天命。」朱注云：「言穆穆然文王之德，不已其敬如此，是以天命集焉，」這和維天之命一詩之意同，可作參證。當然，如果我們要追尋文王所以有純亦不已之德之形而上的根據，是可以追出一個於穆不已的天命來的，因而可以此於穆不已爲天之所以爲天的本質。不過，這種本體論的思想，只能到中庸以後才有，拿它來解周頌中的思想，到底是不適切的。

維天之命一詩雖然不是外在地肯定一個不已的天命，但卻通過文王純一無間的敬德，內在地體現了一個不已的天命。這不已的天命雖然最初只對不已的敬德而有，但當人一旦認識了天命與人德的密切關係以後，人們便能從傳統宗教的私欲的夾雜中解放出來，體悟到不已的天命原來是普遍地存在的。因爲所謂天命的無常，原來只是從我們對私欲的堅執上說。從私欲出發，當天帝滿足了我們的要求時，我們便覺得天帝是仁愛、正義、和有理法的。如果稍不如意，又會覺得天帝是暴虐、不平、和無理法的了。因此，廓然大公的天命流行，也可以被認作天帝的爲德不卒，或天命之無常難信。其實，無論我們說天帝的德性怎樣，也只是我們私欲的化身而已。若把我們的私欲，完全消融在至誠無息的敬德當中，一切反求諸己，盡其在我，則天命無常之感，也隨着私欲的化除而化除。如是一個於穆不已的天命，便可在天命流行中認取，或可在純亦不已的敬德中獲致。這樣一來，天命不但是於穆不已的，而且也是純粹至善的。其所以爲於穆不已，可從天道無親，唯德是輔上去理解，其所以是純粹至善的，也可以從天道無親，唯德是輔上去理解。天命既定純粹至善的，則降命的天帝，自然也是純粹至善的了。於是一個仁愛、正義、和有理法的天帝便因淨化而被穩固下來。而一切價值和理想，亦可以在這個天道中立根基。這是中國文化通過文王的敬德而獲致的偉大成就。先秦儒家大抵卽沿着這一方向而發展。

二 孔子的天人關係思想

上章我們曾指出人類文化自始卽要突破無常的自然，建立一個可以使我們安身立命的天道觀。但隨着文明的演進，人智日開，那些不合理的天道觀，必須隨着時代的要求而予以修正。於是周初開始揚棄了原始宗教的天道觀，而往道德的宗教的天道觀一面發展。在人道方面，亦由對天道鬼神的虔敬，改變爲對人事所應爲的敬德，於是隨着原始宗教的淨化，漸漸產生了一種天道遠、人道邇的思想。這時，人們已逐漸知道許多事情應該怎樣去做了，爲了加強人道上的努力，把天道逐漸推遠，也是很自然的。這種思想，導源於周初。詩大雅文王：「無念爾祖，聿脩厥德，永言配命，自求多福。……上天之載，無聲無臭，儀刑文王，萬邦作孚。」便明顯地要我們「自求多福」，和「儀刑文王」，這不是天道遠、人道邇思想的濫觴嗎？不過，周初在淨化原始宗教一點上，是不徹底的。這問題要到孔子，才有了徹底的解決。

在世界各大文化系統中，當原始宗教的信念動搖時，都會另外找尋一些確定的東西。希臘人所找到的是一個理型世界、知識世界或理性的世界。他們並欲藉理性的理論知識去淨化原始的宗教，因而有神學的產生。在中國方面，人們找到了一個倫理的世界、道德的世界和仁性的世界，並藉仁性的道德實踐去徹底地淨化了原始宗教，因而有心性之學的產生。希臘人的發現，是說出了人是有理性的動物；而中國人的發現，則在體證了人是有仁性的動物。理性與仁性同樣可以用來綱維宇宙人生，因此當他們發現之初，都是驚天動地的。蘇格拉底爲了維護眞理而殉道，孔子也說有殺身以成仁，毋求生以害仁。從他們信道之篤，便可以想見理性與仁性曾在人類生命中放射出如何燦爛的光華。我們在這裏並不是要討論理性在人類文化中的成就，而是要討論仁性的發現，在先秦思想中曾激起了怎樣的波瀾。

人類與生俱來有許多要求，除了求衣食，求自由和求知識等外，尙有求價值的圓滿實現與永久保存，對於這些要求，我們只能全部予以肯定。肯定這些要求，不必有邏輯的證明，要求的自身，卽有理由說明它是正當的。因爲否認這些要求，就無異否認人生，結果都是荒謬的。然而，肯定這些要求是一回事，怎樣才能滿足這些要求，或應該採取怎樣的態度去對待這些要求，又是另一回事。就宗教的要求來說，肯定宗教的要求是仁邊事，如何去對待這些宗教要求才是正當的，則屬智邊事。人若因一般宗教均跡近迷信，因而抹煞人的宗教要求，這和人因謀生的技能拙劣，因而抹煞人的謀生要求一樣是荒謬的。人若爲了滿足宗教的要求，而任意塑造一些偶像來崇拜，迷信這些偶像眞能滿足他的宗教要求，這和一個人在飢餓的時候，相信畫餅眞可以充飢一樣是可笑的。前者所以是荒謬的，因爲他不仁；後者所以是可笑的，因爲他不智。不仁流於淺薄，不智流於惑亂，都是要不得的。

孔子對人生的一切要求，都予以肯定，但卻明白地告訴我們求是一回事，得是另一回事。許多事情，特別是富貴壽考、飽食安居等求之在外的事情，都是人所不能把握的。因爲凡求之在外的東西，除了要我們主觀的努力外，還有許多客觀的條件，那些條件不是我們所能完全把握的。而這人所不能把握的境地，就有一個天命在。故曰：「死生有命，富貴在天」（顏淵）。人對於這些求之在外，得之有命的東西，只能盡其在我，不應執意地去強求。人若不擇手段，執意強求，甚至熱中成狂，只能自陷於惑亂的境地，對所求的獲得，依然是毫無裨益的。故孔子總是叫我們「食無求飽，居無求安」（學而），「謀道不謀食，憂道不憂貧」（衛靈公）。其目的是要我們從私欲的夾雜中完全解放出來，直道而行，而無患得患失之心。但這倒不是說我們原來就不應該要求這些東西。富貴壽考，人所同欲，豈有不求之理，但這些東西既然是人所不能把握的，是求無益於得的，那末一個知命的君子，爲了不自陷於惑亂，便當加以節制。

孔子把我們主觀的祈求和客觀的福祉，像楚河漢界一樣，劃出一道鴻溝，使我們明白二者之間並無必然的關聯，其目的即在點破我們宗教上一廂情願的幻想，使我們完全從私欲中解脫出來，無條件地去致力於人生所應爲的事。因爲原始的宗教固然有許多一廂情願的幻想，即經文王提煉過的周初的天道觀，也是私欲未淨的。他們雖然知道對於天帝已不能用私意去求，而必須聿脩其德，自求多福。但周初的敬德，並不是一種行其所當行的道德實踐，而仍是志在祈福的宗教行爲。因此他們並不能把天帝的福祿置諸度外，而往往懷着患得患失、誠惶誠恐的心情去敬德，可見他們所謂自求，依然是在那裏求神，不過是用敬德去求罷了。我們這樣說，也許有點低貶了周初的敬德。但周初的人並沒有自覺地把敬德和祿命的關係加以釐清，而且在他們面對無常的天命而行敬德時，總帶有幾分祈禱的心，則是無可否認的。

然而，敬德和祿命之間是否眞有必然的關係呢？當我們在未獲致天命時，我們都會疾敬德以求天之降命，甚至若我們在行敬德以後，視天夢夢，我們也會在一段時期內，反求諸己，繼續去修德。但如果自己覺得已盡了最大的努力，天命對我還是渺渺然，那就不同了。因爲當我們對敬德與祿命的關係沒有自覺地加以釐清時，我們必難免失望。在失望當中，自然就會再次懷疑到天帝的純粹至善，因而我們的敬德亦有所懈怠了。在現實的生活中，敬德和祿命的脫節是比比皆然的。就孔子而言，他一生蹈義行仁，席不暇暖，以求行道於天下，但結果還要厄於陳蔡之間，只有退下來刪書教學以終老。而就孔子的學生而言，顏淵是孔子最喜愛的，而且德行第一，卻身居陋巷，簞食瓢飲，年二十九，頭髮盡白，四十一歲而死。難道這都是咎由自取的嗎？爲了正視這些問題，孔子便明白宣稱我們主觀的努力，和上天的祿命之間，並無必然的關係。因此以主觀的努力作爲求取上天的祿命的手段，都是不可靠的，因而也是不明智、不應該的。

那麼，什麼事情是我們所應爲，又是我們所能把握的呢？在這裏，孔子便提出了一個光華燦爛的仁字。人唯一應該做，又是能够做的，就是踐仁。

什麼叫做仁呢？仁首先就要無欲，因無欲才能剛，剛才近仁。孔子說：「棖也欲，焉得剛，」（公冶長）又云：「剛毅木訥近仁。」（子路）憲問篇也說：「克伐怨欲不行焉，可以爲仁矣？子曰：可以爲難矣，仁則吾不知也。」顏淵篇則云：「克己復禮爲仁。」可見行仁必先去除私欲。當人欲去除後，在我們生命中有一種至誠無息、生生不已、與物無對、痛癢相關的悱惻之感，那就是仁。故仁是我們生命中最眞實的存在，它不是個抽象的概念，故只可指點、體認，而不可以下定義。仁既然是生命淨化後的一種同情共感，則就其通於人而言，便是愛人，就是己立立人、己達達人。推而廣之，便是博施濟眾，惠澤下民。故樊遲問仁，子曰：「愛人」（顏淵）。子貢問如有博施濟眾者，可否稱爲仁？子曰：「何事於仁，必也聖乎！堯舜其猶病諸！夫仁者，己欲立而立人，己欲達而達人。」（雍也）又子路以管仲不死公子糾之節，疑其未仁，孔子則以「管仲相桓公，霸諸侯，一匡天下，民到於今受其賜」，而說：「如其仁，如其仁！」（憲問）就孔子而言，能够博施於民，泛愛大眾，已經是充仁之量了。至於把這一點悱惻之感，通到天地萬物上去，像程明道所謂：「仁者渾然與物同體」（識仁篇），或像陸象山所云：「宇宙內事，乃己分內事；己分內事，乃宇宙內事。」（象山全集卷三十三）則是後來的發展，不是孔子所及的了。

仁既然是我們生命中至誠無息、生生不已、與物無對、痛癢相關的悱惻之感，那麼它是人皆有之，我固有之的，只要我們能克己復禮，它便會當下呈現。故曰：「爲人由己，而由人乎哉？」（顏淵）又云：「仁遠乎哉，我欲仁，斯仁至矣。」（述而）又云：「有能一日用其力於仁矣乎，我未見力不足者。蓋有之矣，我未之見也，」（里仁）可見孔子實以仁爲人的性。既以仁爲人性，則人性當然是善的了。孔子雖未說到這裏，但其含意是很顯然的。

仁既然是我們的本性，是我們所固有，也是我們所喜愛的，當它要求我們做一件事時，這件事一定是善的。我們依着它的要求去做，就是行心之所安，從吾之所好，故踐仁是可以使我們當下獲得安身立命的。因爲踐仁就是做一些我們應該做、能夠做而又喜歡做的事。當我們照着仁心的要求，做了一些應該做的事時，踐仁的目的便當下完成了。他不必更問我們做了這件事以後，能否達到一些效果。因爲爲了這事該做而去做，那是求仁，若爲了這事成功才去做，那就是求功了。成功是求之在外，得之有命的，這屬於我們所不能把握的天道的範圍，因此我們最好不要以它作爲我們行事的目的。人只應盡其在我，而俟其在天，不應舍其所以參的人事，而願其所參的天道。否則我們便會爲私欲的牽引而患得患失，甚至走入歧途，自陷於不義。故子路云：「君子之仕也，行其義也，道之不行，已知之矣。」（微子）

當然，仁和功不是絕對對立的。正如上文所說，孔子也曾就博施濟眾、一匡天下等地方說仁，但成仁不一定能成功，孔子始終認爲成功不是他所能把握的，爲此才不得不加以分別。這個分別，目的在於使我們的行爲，截斷一切私欲的牽連，成爲一種有知其不可爲而爲之的精神的道德實踐。耶穌說，他的王國在天上，而不在地上。並謂上帝的事由他管，凱薩的事由凱薩管，也是要把天理人欲截得分明，使人把夾雜在宗教信仰中的私欲完全清除，一心一意地去事奉上帝。孔子在這裏也是要我們把夾雜在人性中的私欲加以淨化，以求在我們所能把握的人事上勇猛精進。

中國文化，經過千山萬水，到了孔子，在我們的生命中指點出一個生命之根、價值之源的仁，使我們在茫茫宇宙之中，回到當前這個仁上來安身立命，這是中國文化旋乾轉坤的大回歸，也是中國文化驚天動地的成就。人從外在的神回歸到自己的心性上來，從毫無把握的幻想回歸到有絕對把握的道德實踐，於是他不再徬徨了，天道無常之感也開始對這一點仁的靈明隱退了。人在宇宙中不再是一個自然的存在，而成了個道德的存在。因爲人在認識了仁是他生命的根、價值之源以後，無明、偏私和恐懼一下子化爲智、仁、勇三達德。他那淸明潔淨的生命，不但產生了無比的智慧，也產生了無比的勇猛。他要憑着自己的努力，明智地、懇切地、和勇敢地去完成他自己，也就是要努力完成一個仁。故孔子說：「君子去仁，惡乎成名。君子無終食之間違仁，造次必於是，顚沛必於是。」（里仁）又云：「志士仁人、無求生以害仁、有殺身以成仁。……民

之於仁也，甚於水火。」（衛靈公）

如上文所指出，仁是道德生命中的一種同情共感，這是不可能孤立地完成的，必須己立人，己達達人。當這一同情共感及於家庭，便是孝弟，推而及於天下國家，便是爲政了。倫理與政治，在孔子看來，是一以貫之的。故曰：「孝乎惟孝，友于兄弟，施于有政，是亦爲政，奚其爲爲政。」（爲政）這個思想，後來在大學有了極透澈的發揮，使修齊治平，一以貫之。故在踐仁的過程中，便開出了一個倫常的世界。這個閃爍着仁性的光芒的倫常世界，是完全爲我們自己所能把握的。和洪荒的無常世界相比，這當然是一個有常的世界。和洪荒的無明世界相比，這更是一個文明的世界。故這個倫常的世界，是可以貞定人生的。

以上我們說孔子在人道方面建立了一個有常的道德世界。在這個世界中，求仁得仁，如響斯應。但在天道方面，孔子依然感到毫無把握。然則孔子的天道觀究竟是怎樣的呢？

上面我們說過，周初的天和帝雖然都指着同一個至高無上的神，但天的意義，較具形而上的色彩，而帝則完全是一個人格神。由於以後中國的宗教思想逐步向形而上方面轉化，故帝一觀念，在論語中已完全消失。後來在墨家、道家和陰陽家的思想中雖然還保留着，但在中國哲學史中到底已失其重要性。論語一書，代替天帝一觀念的，有天、天道、天命等觀念。天和天命都是詩書原有的，但天道一觀念則屬後起。詩經中沒有這個觀念，尚書除大禹謨、湯誥、畢命、仲虺之誥諸篇僞古文尚書外，亦沒有這個觀念。但這觀念在孔子年青時已頗流行，鄭子產便說過「天道遠，人道邇」的話。（左傳昭公十八年）論語中子貢亦曾說過「夫子之言性與天道，不可得而聞。」（公冶長）不過孔子仍是講天和天命比較多。天命和天道，都是指天的客觀表現而言，不過天命一詞，仍殘存着人格神的意味，而天道一詞，則較具宇宙論的意味。

然則論語中的天和天命是什麼意思呢？孔子的天道觀，大體上仍是繼承詩書的宗教性之天道觀而來的。他在人生界以上，明明有個宇宙界，在人道以上，明明有個天道。天和天命都是在人道以上的一個超越的存在。不過天是就天的本身說，天命是就天所賦於物者來說，二者都是我們知識不到、把握不到的，因而都不是一個知識的對象，而是一個敬畏的對象。故人對此二者都有一種威儀浩蕩、神明不測之感，使人產生一種不容已的宗教感情。現在且讓我們把孔子所說的天和天命兩觀念加以分別的論述。

孔子的天不但是生人生物的超越存在，而且是純粹至善的道德本源。這可從「天何言哉，四時行焉，百物生焉」（陽貨）和「天生德於予」（述而）這兩段話加以說明。這大抵是承襲詩經「天生烝民，有物有則，民之秉彝，好是懿德」的思想而來的。不過周初的天是一個禱求的對象，而孔子的天，則不是一個禱求的對象。因爲一個踐仁的人，由於完全淨化了原始宗教的欲求，他不但對天完全消除了那種惶恐怖慄之感，而且由於理性淨化，沒有無明的障蔽，一切只有直道而行，決不肯在義理之外，更有所求。直道而行，本無所謂禱，但鬼神亦不能悖道徇私，所以直道而行，也可以說是唯一的禱。故述而篇曰：

子疾病，子路請禱。子曰：「有諸？」子路對曰：「有之。誄曰：『禱爾于上下神祇。』」子曰：「丘之禱久矣。」

以上一節，朱子注云：「禱者，悔過遷善以祈神之佑也。無其理則不必禱。既曰有之，則聖人未嘗有過，無善可遷，其素行固已合於神明，故曰丘之禱久矣。」朱子的解釋，大體是對的。因爲人生行事，只有循理直道。若循理直道，則一切盡其在我，反求諸己，這根本用不着去禱求。若違理背道，獲罪于天，則我們用私意去禱求，也是沒有用處的。故曰：「獲罪于天，無所禱也。」（八佾）。

孔子的天和周初的天的不同，不但沒有了禱求的意味，而且還有了相當濃厚的本體論的意味。陽貨篇云：「天何言哉，四時行焉，百物生焉。」周初的天是出令降命的，如今卻變爲不言不語，只在那裏默默地運行和化生，那樣的天，豈不要變成一個本體了嗎？子罕篇也說：「子在川上曰：『逝者如斯夫！不舍晝夜。』」程子注云：「此道體也。天運而不已，日往則月來，寒往則暑來，水流而不息，物生而不窮，皆與道爲體，運乎晝夜，未嘗已也。是以君子法之，自強不息。及其至也，純亦不已焉。」孔子在至誠無息的道德實踐中，確實體現了一個生生不已的仁體，同時體現了一個生生不已的天道。因此我們說孔子在逝者如斯，不舍晝夜之中，認取着一個生生不已的天道，也是很有可能的。不過我們因此便說孔子的天完全是本體論的，那就未免太快一些了。因爲在這些地方雖然露出了一些端倪，但到底孔子還沒有明顯地這樣說。而且在別的地方，孔子還流露着對天的宗教感情，可見孔子的天，大體上仍是宗教性的。像雍也篇云：「予所否者，天厭之。」子罕篇云：「吾誰欺，欺天乎？」先進篇云：「顏淵死，子曰：噫！天喪予！」憲問篇云：「知我者其天乎？」以及上引八佾篇云：「獲罪于天，無所禱也。」都流露着孔子對天的宗教感情。如果我們說孔子的天不是宗教性的，那我們便無法對以上的話加以適當的解釋。

至於孔子所說的天命，源于詩書時天帝的命令之意。不過，由於孔子有「天何言哉」（陽貨）的話，則所謂天命，決不是指一個人格神所下的命令，而只是指天的稟賦而言。故朱子注季氏篇「畏天命」一節云：「天命者，天所賦之正理也。」注爲政篇「五十而知天命」云：「天命卽天道之流行。而賦于物者，乃事物所以當然之故。」

天命既指天的稟賦而言，則從一方面說，凡有稟賦，卽有所稟賦。稟賦行於天，所稟賦成于物。稟賦爲命，所稟賦爲性。故中庸曰：「天命之謂性。」易曰：「成之者性也。」從另一方面說，凡有稟賦，卽有不稟賦。因凡有所稟賦，卽有所不稟賦，凡有所與，卽有所不與。就有所與、有所稟賦而言，命有定分義，就有所不與和有所不稟賦言，命有定限義。所謂定分，就其所成之物而言，卽爲性，就其原出于天而言，則爲命。不過在儒家「天命之謂性」的大趨向下，命之定分義，通常卽就其所成之物而叫做性。當然，這性還是天之所命的。至於命之定限義，乃就所成之性限於所成，所稟之物限於所稟而言。因爲如朱子所云，天命是天道之流行，它是個全體。人之性，自理上言，雖亦稟受了天道之全，但自事上言，則只是這個全體的一部分。故自事上言，凡性皆有其外限，此外限卽源于天在賦命於人物時的定限。然而不管定分也好，定限也好，就其同爲天之所定而言，都有莊嚴的決定義和限際義。故凡有命之處，都是人力所不能移的，人只能順受而已。故朱注雍也篇「伯牛有疾」一節云：「命謂天命，言此人不應有此疾，而今乃有之，是乃天之所命也。然則非其不能謹疾而有以致之，亦可見矣。」又注顏淵篇「死生有命」云：「命稟於有生之初，非今所能移。天莫之爲而爲，非我所能必，但當順受而已。」

以上我們說明了命是在人道以上的超越存在，因而是人事所知識不到、把握不到的。爲什麼孔子又叫我們知天命呢？孔子的知命，是對盡性而說的，他並不是要離開人的性，孤立地去探究天命的本身；而只是從盡性中，人有了完全的自知，因而也知道性在事上的外限，故我們只有由盡性去知命，由盡人道去知天道；不盡性卽無以知命，不知人卽無以知天。不過，天命雖然是我們至誠無息的道德實踐所接觸到的，但知命並不只是知道我們內在的人格世界和無限的道德要求，而且是知道一個天人之際，性命之交。

我們的性，既然都是天之所命的，爲什麼出於性之所不容已的，卻又要安於命之所無奈何呢？孔子一生席不暇暖地求行道于天下，固出於天命之性，則只應說「道之將行也與，命也。」爲什麼又說「道之將廢也與，命也」呢？天命一面要我們行道，一面卻要道不行，豈不是矛盾麼？

這個問題是可以這樣解答的：天命之性固然要我們努力去行道，但天到底要什麼時候才使道大行於天下，卻是我們所不知的。如像孔子那樣，一生踐仁盡性，無有少欠，最後，雖在自己性分的限際上，接觸到一個天命，知道他自己所抱負的理想，無法如期實現。到底天命本身要什麼時候才使這個理想實現，那可能是一個永遠的秘密。因爲天命賦予我們理想，要我們努力去實現它，那是一回事。至於天是否要這個理想因我們的努力而獲得實現，又是另一回事。這中間實在沒有什麼矛盾可言。可能道之行是要經過無數聖賢的努力才能實現的。所以天命可以一面要我們努力行道，另一面卻仍可以道不行。孔子知其不可爲而爲之的精神，卽顯示他雖知天道不能因他的努力而完全實現，但仍要盡自己的努力。故人只能盡在我之性，卻不能慕在外之命，如果只有在天道能因我們的努力而完全實現時，我們才去盡性，那我們便不是在那裏盡性，而是在那裏求命了。天命是不可以私意求的，以爲天命可以完全操之在我，那不但小覷了天道，褻瀆了天命，而且是太過無忌憚了。

上論知天命雖然是知道一個在人事以上或以外的分際和定限，但在人知道天命所在以後，不是一味順之受之便功德圓滿了。仍當回過頭來，再盡力於人事之所宜。故孔子在五十而知天命以後，還有六十而耳順，七十而從心所欲不踰矩的境界。不踰矩就是知命，知命便不求其在外，不求其在外便求仁得仁，求仁得仁便是從心所欲。故從心所欲就是踐仁盡性，不踰矩便是知命順命。孔子一生由踐仁盡性而親切地體認到一個天命。並且在知道天命以後，由於仁者必有勇，他敢於正視這個天命。這不是私欲未淨的人所能辨得到的，你必須是一個仁者，才能有這份勇氣。

可是，如果你不能在求仁得仁的道德實踐中安心立命，一定要創造出一些愜意的神祇來滿足你的要求，那你將難免陷於情欲的深淵，因失去理性的清明而迷惑起來。智者不惑，孔子於此寧願克制自己的私欲，要我們克己復禮，也不肯受一廂情願的神祇所撫慰。這種剛健的精神，不但揭示了理性的潔淨與人生的莊嚴，也揭示了人性的無限與天命的莊嚴。這實在是中國天人關係思想的極致。現在我們拿孔子的一生，爲這種天人合一的宗教精神作見證。

孔子一生。席不暇暖，栖栖皇皇地周遊列國，以求行道於天下。及自衞返魯，仍刪詩書、訂禮樂，發憤忘食，樂以忘憂，不知老之將至。這是孔子盡人道的表現。而孔子的死，禮記記其事云：「孔子蚤作，負手曳杖，消搖于門。歌曰：『泰山其頹乎，梁木其壞乎，哲人其萎乎！』既歌而入，當戶而坐。子貢聞之曰：「泰山其頹，則吾將安仰，梁木其壞，哲人其萎，則吾將安放？夫子殆將病也。』遂趨而入。夫子曰：『賜，爾來何遲也。夏后氏殯於東階之上，則猶在阼也。殷人殯於兩楹之間，則與賓主夾之也。周人殯於西階之上，則猶賓之也。而丘也，殷人也。予疇昔之夜，夢坐奠于兩楹之間。夫明王不興，而天下其孰能宗予，予殆將死也。』蓋寢疾七日而沒。」（檀弓上）禮記這一則，崔述疑爲後人傳聞附會之言，然所持理由欠充分。今據檀弓所記，孔子述自己將死的事，平靜安詳，不兒戲，也不沾滯，理性潔淨到使我們覺得死並不可怕，卻有種無限莊嚴之感。這種「存，吾順事，沒，吾寧也」（張橫渠西銘）的精神，就是知天命的至高表現。

三　墨子的天人關係思想

中國人面對無常的自然，首先建立了一個宗教世界，這個宗教世界雖然比赤裸裸的自然有秩序得多，但到底祇是幻想的產物，因此，隨着文化的進步，傳統的宗教信仰在不斷淨化的過程中，到了孔子，便提煉出一個完全能操之在我的有常的道德世界。這個道德世界是在踐仁的基礎上開拓出來的。人在不斷的道德實踐中，把私欲淘洗淨盡，便突顯出一個仁性來。由於這仁的自覺，不但開發了中國的人性論，使無所謂價值的赤裸裸的人生，成爲善以爲質的文化的人生，而且也點化了由經驗習慣積聚下來的傳統文化，使原來只是一些沈重負擔的禮樂制度，全成爲人的仁性的表現。於是一切禮樂制度，不但是有本有源，徹上徹下的，而且全成爲清明潔淨，活潑可喜的存在。這是孔子「禮云禮云，玉帛云乎哉，樂云樂云，鐘鼓云乎哉」（論語陽貨）一語所顯示的偉大意義。

孔子沿着中國傳統注重道德實踐的路，使赤裸裸的人生和赤裸裸的自然全成爲仁性的光輝照耀下的道德的人生和倫理的世界，這不但是中國人的偉大成就，也是人類的偉大成就。這和蘇格拉底爲西方文化開出一個智性的知識世界，有着同樣深遠的影響。人類文化，大體卽賴仁性的道德和智性的知識建立起來的，而這個無常的宇宙和無明的人生，卽在人類仁性與智性的光輝照耀下逐漸消散。

然而，由孔子所建立的倫理道德世界，仍只限於內在的心性方面。人只能在踐仁行義上，求則得之。至於外在的事功，則依然是無常的，不是人所能把握的。人對於功利的事，只能反求諸己，盡其在我，至於盡了人事以後，能否達到預期的效果，那就完全屬於天命的範圍，不是人所能爲力的了。所以孔子要我們知命。知命就有俟命和順命的意思，其中都有一種無可奈何之感。這種天人思想，決不是以興天下之利、除天下之害爲最高目的的墨子所能接受的，於是便有了墨子思想的產生。

淮南子要略篇云：「墨子學儒者之業，受孔子之術。以爲其禮煩擾而不悅，厚葬靡財而貧民，久服傷生而害事，故背周道而用夏政。」今按墨子五十三篇，除非儒、公孟、非樂、非命、節葬、明鬼、兼愛諸篇明顯反對儒家思想外，其餘如所染、尙賢、尙同、節用、天志等篇，無不針對儒家思想而立言，卽其末後幾篇如備城門、備高臨、備梯、備水、備突、備穴等，雖不涉思想問題，但其用心所在，亦與孔子的精神面貌大不同。但墨子所不滿意於孔子的地方，主要還在於孔子祇建立了一個有常的內在的心性世界，而對外在的事功卻認爲沒有把握，使人事受着天命的限制。墨子在注重人道（人事的努力）一點上，比孔子進了一步。墨子不接受那天命的限制，他懷抱着莫大的信心和野心，要憑着人事的努力，使外在的事功在客觀世界上建立起來。因此他不注重行爲的道德意義，而只注重效用上的意義。凡在效用上，有助於達成興天下之利、除天下之害的目的，他都要肯定，凡有害于這目的的，他都要反對。孔子志在行道，墨子志在救世，行道須合義，救世則求功。墨子就在這個標準之下來反對儒者，也在這個標準之下建立他自己的學說。在這裏我們試就墨子非命、天志、明鬼、兼愛諸義來說明墨子的天人思想。

孔子認爲求其在外的事，均得之有命，如果眞是這樣，則墨子的救世工作雖不致完全落空，也成爲全無把握的事，這對於熱中救世的墨子言，那是不能忍受的，因此墨子必須非命。

墨子在非命上篇和非儒下篇，均認爲人在信有天命以後，卽將壽夭、貧富、安危、治亂，一切委諸天命，非人之知力所能爲，於是便會上不聽治，下不從事，而致天下於貧亂之境。這時縱有明王在上，欲以賞罰來促使羣吏百姓努力從事，亦不可得。因爲他們會認爲「上之所賞，命固且賞，非賢故賞也；上之所罰，命固且罰，不暴故罰也。」人到了賞之不勸、罰之不畏的地步，那眞是沒有法子了。所以墨子痛斥之爲「凶言之所自生，而暴人之道也。」

但墨子所抨擊的命，是不是孔子所講的命呢？不錯，孔子確實有壽夭、貧富，安危、治亂，皆有天命的意思。論語中「死生有命，富貴在天」，和「道之將行也歟，命也；道之將廢也歟，命也」等語，便是明證。但孔子卻沒有叫我們上不聽治，下不從事。相反地，孔子把壽夭、貧富、安危、治亂劃歸天命，用意正是叫我們在人事上，不可因成敗得失而灰心喪志，應該以知其不可爲而爲之的精神，勇往直前。若你不能把自己的行爲成爲盡其在我的道德實踐，而要去干祿求富，只要你求之有道，孔子也決不反對。不過孔子告訴我們這些求之在外的東西，都不是人所能把握的，我們與其對這些無把握的東西患得患失，爲什麼不在求仁得仁的地方多用力呢？故孔子言命，不是孤立地講一個命，而是連着踐仁來講的。人在知命以前，固當努力從事，在知命以後，更當努力從事。至於孔子所說的命，是不是人的知力所不能爲，甚至是不可損益的呢？我們可以這樣說，孔子雖然沒有明言命是不可爲、不可損益的，但孔子的命既然是指人事以外的超越存在，則他確可含有這個意思。但現在的問題是：那不可損益的天命，祇能對盡了性的人才能講，不盡性的，永遠不能知命。怠於從事，怠於分職的人，當然不是個盡了性的人，因而也決不能是個知命的人。所以墨子所批評的命，實與孔子無干。不過，孔子以後的儒者，由於不能善會孔子的意思，把孔子知命的話說得輕易了，因而庸俗化而爲定命的意義，也是可能的。墨子因此辭而闢之，便不是無的放矢的了。

傳統的命，都是屬於天的，墨子既然非命，似乎也要非天，但事實則不然。墨子一面非命，一面卻要尊天事鬼，而且不但尊天，還說天是信賞必罰，疏而不漏的，這是什麼道理呢？現在且讓我們討論一下墨子的天道觀。

墨子的天，一般都說他是宗教性的，而且是個人格神，是有愛惡、行賞罰的造物主。因爲「天欲義而惡不義。……順天意者，兼相愛，交相利，必得賞；反天意者，別相惡，交相賊，必得罰。」（天志上）「天子爲善，天能賞之，天子爲暴，天能罰之，天子有疾病禍祟，必齋戒沐浴，潔爲酒醴粢盛，以祭祀天鬼，則天能除去之。」（天志中）且天之愛民，「以磨爲日月星辰以昭道之，制爲四時春秋冬夏以紀綱之，雷降雪霜雨露以長遂五穀麻絲，使民得而財利之，列爲山川谿谷，播賦百事，以臨司民之善否，爲王公侯伯使之賞賢而罰暴，賊金木鳥獸，從事乎五穀麻絲，以爲民衣食之財。」（天志中）可見墨子的天確實是個有情志、行賞罰的造物主。但天既然是行賞罰的，那便在那裏命賞罰。如非攻下云：「三苗大亂，大命殛之……天有酷命……天乃命湯於鑣官，用受夏之大命……天命融隆火……薦章天命……天命周文，伐殷有國。」更不諱言天命。由此可知墨子所反對的命，不是降命的命，而是定命的命。降命的命，是隨人的後天行爲而定的。人爲善則降之百祥，爲不善則降之百殃，在墨子看來，這樣的天命，正可以鼓勵人爲義，制止人爲不義，因而正是他所要肯定的。至於定命的命，彷彿說人一生下來便注定了的，是後天行爲所無法損益的，人在信了這樣的命後，那就會有賞之不勸，罰之不畏的後果，所以那才是墨子所反對的。

墨子的天，既然是賞善罰惡、神明顯赫的，因此他便極力反對儒家的天道觀。因爲儒者承襲了「上天之載，無聲無臭，儀刑文王，萬邦作孚。」和「天道遠，人道邇」的思想，天道不再干擾人事；所謂天命也只是個天人之際，而不再是諄諄然命之的意思。且人道由於有了仁的自覺，亦足以自立自安，於是天不必對人行賞罰，人對天亦無所禱求，天人之際，相敬以禮，這在墨子看來，當然就是「以天爲不明」了。在這裏，我們很容易認爲墨子的天，比孔子的天有較強的宗教性，但究竟是不是這樣呢？這是值得我們探討的。

首先我們要說明的是：孔子把天道推遠了，並不是拿人道來掩蓋了天道，而只是人對天的宗教感情完全淨化的結果。人對天既然完全沒有私欲的纏繞，則天便可以只是一個高高在上的存在。他愈高遠，便愈使人有一種莊嚴肅穆之感。而且所謂遠，是對私欲而言，天距人的私欲愈遠，便距人的仁性愈近了。天道和仁性是這樣微妙的，所以連子貢也說：「夫子之言性與天道，不可得而聞。」

至於墨子的天，雖然談論得很多，而且根據立言的三表，不厭其詳地羅列證據，加予證明。但他愈要我們尊天，我們卻覺得他愈不可尊，因爲這個天完全是爲墨子推行義政而服務的。在墨子尙同的政治機構中，雖然天是天子以上的最高主宰，是實現義政的最後保證，但他既然被套在尙同的政治結構中，則人們尊天便和尊君差不多，其意義完全是現實的。且墨子云：「墨子之有天志，辟之無以異乎輪人之有規，匠人之有矩也。今夫輪人操其規，將以量度天下之圜與不圜也……匠人亦操其矩，將以量度天下之方與不方也。……故子墨子之有天志也，上將以度天下之王公大人爲刑政也，下將以量天下之萬民。」（天志中）故墨子實以天志爲行義政的工具，說得客氣些，也不過是實行義政的必須的設定。然而，設定到底是個設定，它在人的內心是沒有實感的。因此墨子五十三篇，雖然滔滔不絕地在那裏大談天道，卻沒有對天道流露過一句感情的話，如果說墨子的天眞是宗教性的，那應該在他的內心有深厚的感情基礎，而且有諸內必形諸外，多少總該有些感情的話。但這幾乎被人認爲是個教主的墨子，卻是一點宗教情感也沒有的。他的天，其實只是兼愛的理論根據和使人行兼愛的超越保證而已。因此我們與其說他的天是宗教性的，不如說是政治性的或教化性的還要恰當些，因爲墨子確實在那裏以神道設教呢。

墨子除了批評了儒者的天道觀外，還批評了儒者的鬼神觀。公孟篇云：「公孟子曰：無鬼神。又曰：君子必學祭祀。子墨子曰：執無鬼而學祭禮，是猶無客而學客禮也。」公孟子即公明子，是孔子之徒，如公孟子確實說過無鬼神的話，則墨子因此非儒，也是可以的。不過公孟子對鬼神的態度，不一定是孔子的態度。現在我們根據論語討論一下孔子的鬼神觀。

論語一書，明顯地談到鬼神問題的，其要者凡三見。先進篇云：「季路問事鬼神。子曰：未能事人，焉能事鬼？敢問死。曰：未知生，焉知死。」雍也篇云：「樊遲問知。子曰：務民之義，敬鬼神而遠之。」八佾篇云：「祭如在，祭神如神在。吾不與祭如不祭。」以上三節文字近人頗多爭論。有人據此謂孔子間接否定了鬼神的存在，這是不確實的。因爲季路問事鬼神一節，只討論事鬼的問題，而不是討論有沒有鬼。而且照道理，必先肯定鬼神的存在，才有所謂事鬼的問題，孔子在這一節裏當然默認有鬼神的存在。不過他認爲事死如事生，事亡如事存。生事之以禮，死葬之以禮，祭之以禮，那是一以貫之的，並不是在事人之道以外，另有所謂事鬼之道，所以便說「未能事人，焉能事鬼。」朱子對這一節注云：「非誠敬足以事人，則必不能事神。非原始而知所以生，則必不能反終而知所以死。蓋幽明始終，初無二理，但學之有序，不可躐等，故夫子告之如此。」這是很恰當的。

至於樊遲問知一節，孔子明明叫他敬鬼神，這就決不是無鬼神。不過孔子認爲鬼神之事，神明不測，作爲一個智者，便該就切近的人事上先努力，而把鬼神推而遠之。這裏所謂遠，和「天道遠」的遠一樣，都有莊嚴潔淨的意思。孔子就是怕一般人私欲未淨，對鬼神仍有所禱求，因而沉迷黏滯在上面，失去理智的清明，所以才叫人遠鬼神而親人事。故朱子注云：「專用力於人道之所宜，而不惑於鬼神之不可知，知者之事也。」這也是十分恰當的。

祭如在一節是談鬼神存在的情況問題。上面我們已說明孔子並沒有否定鬼神的存在，但孔子是不是說鬼神有客觀的存在呢？那倒沒有。然則鬼神到底存不存在呢？在這一節，孔子便表明了鬼神是存在的，但卻存在於我們誠敬的祭祀當中。鬼神雖然不是客觀知識的對象，但人若能致其誠敬以承祭祀，則所祭者便洋洋乎如在其上，如在其左右，使你有非常親切的實感。但如果你不參加祭祀，或參加而沒有誠敬的心，那鬼神便不會來格。這就叫做誠則有之，不誠無物。朱子注這一節引范氏云：「君子之祭，七日戒，三日齋，必見所祭者，誠之至也。是故郊則天神格，廟則人鬼享，皆由己以致之也。有其誠則有其神，無其誠則無其神，可不謹乎。」這也是非常貼切的。

由此可知，孔子對於鬼神的態度。是從實踐與體證一面加以肯定的。他不肯孤立地去討論鬼神本身的有無，而往往連着祭祀去講。鬼神是屬於天道的事，祭祀是屬於人道的事。孔子叫人盡其誠敬以與神明交，就和叫人由盡性以知命一樣，都是扣緊主體的實感來講的。鬼神的存在，既然在主體中有親切的實感，則墨子「無鬼神」的批評，至多祇能對公孟子說，卻不能以此來批評儒家，更不能以此來批評孔子。

不過，孔子的鬼神，在祭祀中雖然如見其形，如聞其聲，如在其上，如在其左右，有非常眞切的實感，但卻不是直接來施行賞罰的。人對他們也完全沒有禱求之心，這和天道一樣，都成了一些莊嚴潔淨的存在。因爲如朱子所云：「幽明始終，初無二理」，人若能循道而行，根本就不必要鬼神來行賞罰。然而，墨子則不然。墨子既然批評了儒家「以天爲不明」，因此他更批評儒家「以鬼爲不神」。公孟篇云：「儒以天爲不明，以鬼爲不神，天鬼不說，此足以喪天下。」墨子在這裏不是批評儒者主張無鬼神，而是批評儒者的鬼神沒有顯赫的神明。而所謂顯赫的神明，主要就是行賞罰。孔子的鬼神是不行賞罰的，因此在墨子看來，便是以鬼爲不神了。現在我們看看墨子爲什麼一定要鬼神行賞罰，亦卽看看墨子所以要講明鬼的理由。

墨子的明鬼，和他要講天志的理由是一樣的。因爲墨子要興天下之利，除天下之害，要人人兼相愛，而不別相惡，爲了實現這些義政，他除了建立起一個組織嚴密的政治機構外，還要以神道設教，立爲天志、明鬼之說，以補政治之不逮。故明鬼下云：

子墨子曰：當若鬼神之能賞賢而罰暴也。蓋本施之國家，施之萬民，實所以治國家，利萬民之道也。是以吏治官府之不絜廉，男女之爲無別者，鬼神見之。民之爲淫暴寇亂盜

> 賊，以兵刃毒藥水火，迓無罪人乎道路，奪人車馬衣裘以自利者，有鬼神見之。是以吏治官府，不敢不絜廉，見善不敢不賞，見暴不敢不罪，民之爲淫暴寇亂盜賊，以兵刃毒藥水火，迓無罪人乎道路，奪人車馬衣裘以自利者，由此止，是以天下治。故鬼神之明，不可爲幽間廣澤，山林深谷，鬼神之明必知之。鬼神之罰，不可爲富貴強衆，勇力強武，堅甲利兵，鬼神之罰必勝之。

凡法令只能及於見得到和管得着的行爲，如有殺人於不知不覺之中，或爲惡而勇力強武，不受節制者，法令便無可如何。在孔子，由於有了仁的自覺，一人幽居獨處，仍可以有十目所視，十手所指的感覺，因而人仍能勉力爲善，不敢自欺，以求俯仰無愧。所以孔子說：「道之以政，齊之以刑，民免而無恥。道之以德，齊之以禮，有恥且格。」（論語爲政）但墨子並沒有這種仁的自覺，他對人性的了解，完全是受後天環境影響的。所謂染於蒼則蒼，染於黃則黃，一切都不能自作主宰。故在法令所不及的地方，一定要有天鬼代行賞罰，否則便無法保證人兼相愛而不別相惡了。因此，天志、明鬼的思想，就在這樣的需要之下被呼喚了出來。

墨子的鬼神，既然是爲了實現義政而呼喚出來的，因此和天志一樣，也被套入政教的組織系統中，成了他實行義政的手段之一。因此墨子對於人應否向鬼神祈福的問題，是爲他實用的目的所決定的。當人對鬼神祈福的事對他的義政的施行有利時，他便加以肯定，反之便予以否定。大抵墨子是肯定祭祀鬼神可以祈福的。因爲墨子對人性的了解只限於懷生畏死、欲福惡禍等自然情欲，他以天志、明鬼來推行義政，亦無非利用人避禍求福的自然情欲來行賞罰，如果祭祀鬼神也不能得福，那麼可能行善也不必得福，爲惡也不必得禍了。這樣人便沒有了順從天鬼意志行事的理由。這便失去了明鬼的意義。但假使人只要具備酒醴粢盛祭祀鬼神，鬼神便有求必應，那麼人們便會專用力於祭祀鬼神而荒廢人道之所宜，這樣義政也是無從實現的。所以墨子又有祭祀不祈的思想。魯問篇云：

> 魯祝以一豚祭，而求百福於鬼神。子墨子聞之曰：是不可。今施人薄而望人厚，則人唯恐其有賜於己也。今以一豚祭，而求百福于神，唯恐其以牛羊祀也。古者聖王事鬼神，祭而已矣。

孫詒讓注「祭而已矣」一語云：「謂無所求也。禮器云：祭祀不祈。鄭注云：祭祀不爲求福也。」可見墨子確有祭祀鬼神不能祈福的思想。所以墨子的鬼神，並不是爲了滿足個人私欲而設的，而是爲了實行義政而設的。人只有憑着他的善行才能得到鬼神的賞，而由於他的惡行，則必獲得鬼神的罰。鬼神對於善惡的賞罰，雖如影隨形，毫不差忒，但賞罰應只關乎我們行爲的善惡，而無關乎私意的祈求。這才合墨子明鬼的本意。由於墨子要用祭祀可以祈福來勸人尊天事鬼，對祭祀不祈的思想到底沒有完全自覺到。只是在實用的觀點下，對「施人薄而望人厚」的祈福者作有限度的修正罷了。可見墨子的鬼神，是隸屬於他施行義政的目的之下的，是由智心建構出來的律法的執行者，在人的宗敎心靈中，和天志一樣，都是沒有根蒂的。

墨子的學說，無論尙賢、尙同、節用、節葬、非樂、非命、天志、明鬼、兼愛、非攻，都是爲了完成實用的目的，目的既達，這些道理可講可不講，因爲它們都不是出於人心所不容已的。故魯問篇云：「子墨子游。魏越曰：既得見四方之君，子則將先語？子墨子曰：凡入國必擇務而從事焉。國家昏亂，則語之尙賢尙同。國家貧，則語之節用節葬。國家憙音湛湎，則語之非樂非命。國家淫僻無禮，則語之尊天事鬼。國家務奪侵凌，則語之兼愛非攻。故曰擇務而從事焉。」天鬼如眞是神明顯赫，普遍存在的，則人無論如何也要尊天事鬼。但現在墨子只把尊天事鬼作爲眾務之一，要在國家淫僻無禮時才擇而從事，可見墨子對天鬼的肯定，並無眞情實感的支持，祇是就實用的目的而說的。因此他在明鬼篇云：「今絜爲酒醴粢盛，以敬愼祭祀。若使鬼神誠有，是得其父母姒兄而飮食之也。豈非厚利哉。若使鬼神誠亡，是乃費其所爲酒醴粢盛之財耳。且夫費之，非特注之汙壑而棄之也。內者宗族，外者鄉里，皆得如具飮食之。雖使鬼神誠亡，此猶可以合歡聚眾，取親於鄉里。」作爲一個篤信鬼神的人，根本便不應討論鬼神之有無。即使討論，亦只應說「鬼神誠有」。今在「鬼神誠有」之上，多加「若使」二字，已使「鬼神誠有」，亦成了疑問。但大倡明鬼的墨子，竟然還說出「若使鬼神誠亡」的話來，那更顯出墨子對鬼神之眞實存在，自己也未必信得過。即就他用立言三表來論證鬼神的存在，上本之古者聖王之事，下原察百姓耳目之實，也不過是接受了傳統的信仰而已。老百姓是信有鬼神的，墨子自己也照信如儀。不過他主要不在信，而在信了以後，發以爲刑政，可以得國家百姓人民之利，這才是他信有鬼神的眞正理由。但這裏用意不在鬼神本身，而在信鬼神和祭祀鬼神之用上。墨子所肯定的是信仰和祭祀的價值，而不是信仰和祭祀的對象。所以鬼神誠有誠無都可以懷疑，但信仰和祭祀的價值則是非常確定的。這除了使我們想起荀子「君子以爲文，百姓以爲鬼事」一語外，還使我們想起他批評公孟子「無客而行客禮」的話，覺得墨子實在有點不能知己知彼了。

墨子在非儒下批評儒者云：「其親死，列尸弗歛，登屋窺井，挑鼠穴，探滌器，而求其人矣。以爲實在，則贛愚甚矣。如其亡也，必求焉，僞亦大矣。」在這裏我們姑勿論儒家是不是如此的，但墨子批評他，當然墨子是不贊成這種做法的。但人死爲鬼，這是墨子也該承認的。今墨子反對人在人死後到處呼求，並認爲信人死後，果有鬼魂存在，乃贛愚之甚，究竟這是墨子的無心之失呢？還是眞情流露呢。根據我們以上的考察，使我們不得不懷疑這是墨子眞情的流露，我們雖然不能因此便說墨子否定鬼神的眞實存在，但至少確使我們更相信墨子對鬼神的肯定，完全採取效用主義的觀點。

然而，即使墨子從效用上去肯定鬼神的存在，說鬼神是賞罰嚴明的，這裏還存在着許多問題。因爲墨子說鬼神的賞善罰惡是毫不差忒的，但事實上是否眞個如此呢？世上有沒有爲善不得福，爲惡不得禍的人呢？在公孟篇裏，墨子根本否認有爲善不得福的事。因爲凡爲善不得福的，墨子都把它解釋爲實未能免於爲惡，而不疑于鬼神的不明。這種解釋，確可保住鬼神賞罰嚴明的超越性格。因爲人之得病，我們固可以說他百門而閉一門的結果。若他閉了百門而仍得病，又可解釋爲千門而閉百門的結果。於是凡得福的，都由於爲善，凡得禍的，都由於爲惡，至少是未能盡善的緣故。這樣，人在得禍時便當閉門思過，在未得福時，便當反求諸己。倘使人生的禍福，眞是可以這樣解釋的話，那也很好，但問題是這樣解釋能否服人。因爲現實人生中不平的事實在太多了，若把不平的事都解釋爲公平的，那末人們又何貴乎鬼神的神明呢！這又是墨子明鬼所必然遭遇到的困難。但撇開墨子理論的困難不談，我們也應該對墨子尊天明鬼，和批評儒家以天爲不明，以鬼爲不神的話，有恰當的了解，不能因此誤認墨子對天道鬼神的態度，比孔子更有宗教的情味。實在說，墨子對天道鬼神的肯定是實用的，而且只限於現實世界。墨子對人死後的問題，是完全沒有興趣的，在了解墨子思想時，這些都是最容易使我們迷惑的問題，不能不特別注意。

由上可知，墨子對天道鬼神的種種說法，都是爲了達成人道上的目的。在務民之義一點上，他比孔子還要熱中。就爲了在這一點上過於熱中，所以不能接受孔子對天道鬼神敬而遠之的態度。但這不能接受是基於實用的理由，並非由於心性之不容已。因此我們與其說墨學是宗教性的，不如說它是社會性的或政治性的。這樣我們便知道墨子的天人思想，實在是以人爲主，而不是以天爲主的。這個方向，大體是合乎周以來人文主義思想的發展的。

四　孟子的天人關係思想

自墨子非儒以後，孔子的思想便被人引起許多誤解。儒在古代是有知識才藝者的通稱。他們可能還是以相禮爲專門行業的人，故特有一種儒服。儒在孔子時，是良莠不齊的，所以孔子叫他的學生要做君子儒，不要做小人儒。一直至荀子時，還有俗儒、雅儒、大儒等的分別。可見墨子非儒，不一定針對孔子。但由於墨子的批評，多與孔子學說有關，因此很容易使人認爲墨子是直接反對孔子的。而且，墨子本身是個雄辯家，自言一切反對他的，猶以卵擊石，所以到孟子時，已成了個楊墨之言盈天下，天下不歸楊則歸墨的局面。而孔子的學說，就在這樣的情況下被淹沒了。幸而在墨子以後，儒家出了一位傑出的衞道者，卒使孔學大明於天下，這就是我們現在所要討論的孟子。

自孔子發現了我們生命中的仁性以後，一切人生文化都應當從這裏立根，天人性命都應當從這裏通出去。可是墨子對這一仁性卻完全沒有理會，只把一切人生行事和文化大業完全依託於天鬼之上。而墨子天志明鬼，主要是爲了神道設教，並無心性上的基礎，使人生文化，全成了無根之木，無源之水。故孟子雖同時詆斥楊墨，謂「墨氏兼愛，是無父也，楊朱爲我，是無君也，無父無君，是禽獸也。」但卻又說：「逃墨必歸於楊，逃楊必歸於儒。」（盡心下）可見孟子認爲楊朱猶近道，而墨子則去道至遠，所以闢之亦最力。

爲什麼說墨子對孔子所發現的仁毫無理會呢？是否墨子的兼愛不是仁呢？對，兼愛並不是仁。墨子的兼愛，雖然原來也是依於仁心而發的。但墨子對仁心所發的愛，才加自覺，即以理智把握之，並順理智心而行，依類直推，才產生兼愛的觀念。因此墨子的兼愛，完全是智心所對的抽象的理，而不是仁心所流露的悱惻之情。那抽象的理對仁心言，是不親切的，甚至可能是不合仁道的。因爲仁是指我們當下中心惻然愛人的眞情實感而言，有這樣眞情實感的地方，才能算是仁。但兼愛只是從邏輯推理中推出來的，它是個普遍的理，而不是具體的情，兼愛的對象也只能是個抽象的存在，而不可能是現實的存在。我們面對抽象的存在，是決不可能有眞情實感的。既然兼愛不是一種眞情實感，那就不能算是仁了。故伊川說：「仁之道，只消道一公字，公卽是仁之理，不可將公便喚做仁，公而以人體之，故爲仁。」（伊川學案）「以人體之」一語，是很吃緊的。譬如在一般情形下，有人攘羊而加以指正，這是合乎直道。但卻不能因此推論其父攘羊而子證之也是直道。因爲這在抽象的推論上雖然是直的，但對具體的仁心言，卻是不直。因爲所謂直必須扣緊仁心說，必須是從具體的仁心直發出來的；離開仁心，便無所謂直。所以孔子說：「父爲子隱，子爲父隱，直在其中矣。」（論語子路）父不忍指證其子，子不忍指證其父，那都是從仁心直發出來的，都是「以人體之」時共有的眞情實感，所以這便是直。儒家思想所以是自由主義的，主要是他對價值的評定，永不離開人心的實感。但墨子的兼愛，是把仁心在一特定情境下所發出來的愛抽象出來，再依邏輯規律作普遍的概推的結果。試問人在一特定情境下所發出來的愛，爲什麼要同等地普遍到一切情境中去呢？墨子說因爲天志是如此的，我們要法天，便當行兼愛。但天是無限的存在，他可以行兼愛。人卻是個有限的存在，在實踐中他不能不有親疏遠近之別，所以只能行「親親而仁民，仁民而愛物」（盡心上）的差等之愛。

這裏儒家雖然也有推，但那只是推心和推恩，而不是推理。推心推恩都是有具體的對象的，因此都有眞情實感。但墨子卻要我們視人之父若其父，視人之子若其子，這是不可能有眞情實感的。所以不能說是仁。

孟子重申孔子所講的仁道，特別指出惻隱之心爲仁。惻隱之心是我們當下的一種實感，所以他所講的仁，也是就人心的實感而說的。孟子在盡心上有這樣一段記載：

桃應問曰：舜爲天子，皋陶爲士，瞽瞍殺人，則如何？孟子曰：執之而已矣。然則舜不禁與？曰：夫舜惡得而禁之，夫有所受也。然則舜如之何？曰：舜視棄天下猶棄敝屣也，竊負而逃，遵海濱而處，終身訢然，樂而忘天下。

這一段話和孔子父子相隱的道理是相合的。普通人殺了人，舜讓皋陶執法，這是合乎仁道的。但如今殺人者是舜的父親，基於父子之親，不可解於心，舜自不忍坐視不救。但另一方面，舜爲天子，他既授命皋陶執法，基於君臣之義，亦不能出爾反爾。在這一價值衝突中，孟子不訴之於理智的推度和計較，而訴之於仁心當下的抉擇。他所以主張舜棄天下，負瞽瞍而逃於海濱，因爲舜放棄了天子之位，便無天子之責，而且他不做天子，還可以有別人做。至於人子之責則是無法放棄的，卽使自己放棄了，也沒有人可以代替，所以才作了這樣的抉擇。孟子作這樣的抉擇，主要是從仁心的不安不忍處說的。故此能够「終身訢然，樂以忘天下」。然則舜可不可能覺得瞽瞍殺人，罪有應得，且不安於死者含寃莫白，不忍於天下一日無君呢？在理論上這是可能的，但這不是一個理論的問題，而是實際的問題。人在當時是否眞覺得父親死有餘辜而毫無同情憐惜之心？是否眞覺得天下不可一日沒有自己？又我們若這樣想時，是否完全沒有夾雜着平時對父親的積怨和恨毒，以及對天子之位的貪慕和留戀？這是很吃緊的。如果我們昧着良知而作了違心的抉擇，那我們是決不能終身訢然的。然則人心可不可能有大義滅親的實感呢？這個可能性是存在着的，不過這是在非常特殊的情形下才可能，所以孟子只就一般的情形，作了以上的選擇。

以上我們曾說明墨子的兼愛，是在不同的情形下，對不同的對象作平等的愛，所以不可能有眞情實感，且是無法實踐的。如果像夷子所說：「愛無差等，施由親始。」（滕文公上）愛心與施行分而爲二，那就成爲二本。而且若愛眞是沒有差等的，那末由疏始也是可以的。但人若不去先愛自己的父母而愛別人的父母，那就完全違反天性了。孟子盡心上云：「於不可已而已者，無所不已，於所厚者薄，無所不薄也。」墨子之道所以流所涼薄，又豈是偶然的呢？

孔孟所講的仁道，其表現都是因時制宜，不主故常的。它是個活潑潑的主體，而不是一個被規定下來的物事，因此不但不能爲「仁」下定義，而且孔孟講仁道時，亦特別要講時中和權變。在盡心上篇，孟子不但批評了楊氏爲我和墨氏兼愛都是執一，而且連執中的子莫也是執一。因爲子莫執中而無權，依然是執着一個死理，不能有悱惻的實感，所以同樣有害於仁道。原來仁道是要時中和權變的，而時中和權變又必須以仁道爲標準，否則所謂中者非中，而所謂權者亦非權了。墨子把孔子天機活潑的仁，變而爲由天志所規定的兼愛，使中國文化的根，從心性中分歧出去，而依託於天鬼等外在的權威。現在孟子重新把這方向扭轉過來，使中國文化依然植根於心性之上，並且植得更深透，更穩固，這就是孟子的偉大貢獻。現在就讓我們討論一下孟子的心性論，也就是孟子的人道觀。

人性論在孟子的時候還是很紛歧的。在告子章句上，公都子便曾列述當時之言性者有告子性無善無不善之說，有性可以爲善、可以爲不善之說。又有所謂有性善、有性不善之說。而孟子則獨主張性善，究竟孟子的性善說是怎樣講的呢？

孟子言性善，是從心善上說的。「心之官則思，思則得之，不思則不得也。」思是一種超越反省的能力，是德性心本身的明覺，道德卽自思中出，心之所以是善的，乃由於心有仁義禮智之端，故「仁義禮智根于心」（盡心），這是性善的根據。但孟子何以要就仁義禮智來說性，而反對告子的生之謂性呢？這倒有以下的理由可說。

首先孟子論人性，是從人之所以異於禽獸的幾希上說，卽從人之所以爲人的特性上說，而不從人之同於犬牛之性上說。因爲如果我們把人性等同於犬牛之性，結果便不是在那裏講人性，而是在那裏講犬牛之性了。故孟子不從食色上說人性，而要從仁義禮智上說人性。

其次，孟子原認爲心之官是性，耳目口鼻之官亦不可不謂之性，但這裏卻有大小貴賤之分。凡能照顧大的範圍的爲大體，否則爲小體。大體貴而小體賤。耳目之官，不思而蔽于物，其所能照顧的範圍小，故爲小體。心之官則思，其所能照顧的範圍大，故爲大體。因此，雖然大體和小體都是性，但大人則從其大體而不從其小體。雖然耳目口鼻之官都是性，但君子則只以心之官爲性。

孟子言性，除了嚴人禽之辨和大體小體之分外，更重在人能自作主宰一點上言性，故有天爵人爵之分，和人之所貴與良貴之別。仁義忠信，樂善不倦，操之在我，此天爵也，良貴也。公卿大夫，趙孟之所貴，趙孟能賤之，此人爵也，人之所貴也。故盡心云：「廣土眾民，君子欲之，所樂不存焉。中天下而立，定四海之民，君子樂之，所性不存焉。君子所性，雖大行不加焉，雖窮居不損焉，分定故也。君子所性，仁義禮智根于心。」廣土眾民、中天下而立、定四海之民，這都不是我們所能把握的，因而也不能自作主宰，所以君子不以爲性。君子所以爲性的，是根于心的仁義禮智，因爲這是大行不加，窮居不損，完全操之在我的，所謂「分定故也」。

孟子又云：「口之於味也，目之於色也，耳之於聲也，鼻之於臭也，四肢之於安佚也，性也；有命焉，君子不謂性也；仁之於父子也，義之於君臣也，禮之於賓主也，智之於賢者也，聖人之於天道也，命也；有性焉，君子不謂命也。」（盡心下）聲色臭味與安佚，根于耳目鼻口與四肢之小體，原來也可以稱爲性，但因求取這些聲色臭味與安佚，得與不得皆有命，不能操之在我，故君子不謂之性。至於父子、君臣、賓主、賢者與天道，其際遇各有不同，如「堯爲君而有象，以瞽瞍爲父而有舜，以紂爲兄之子且以爲君而有微子啟、王子比干」，（告子上）皆有命之不可逃，所謂命也。然堯未忘其仁，舜未忘其孝，微子啟、王子比干未忘其忠，皆能盡其在我，自作主宰，故曰：「有性焉，君子不謂命也。」

由上可知，孟子言性，原來承認聲色臭味和仁義禮智都是性，但後來只以仁義禮智爲性，而不以聲色臭味爲性者，完全是大小貴賤的價值問題，因爲「先立乎其大者，則其小者不能奪也。」（告子）所以大人才從其大體而不從其小體，君子只以大體爲性而不以小體爲性，這是孟子言性的精義所在。

以上我們已說明了孟子言性，是就心上說的，由於心善，便可以說性善。因爲孟子所講的心，是就有仁義禮智之端的良心，和所欲有甚於生、所惡有甚於死的本心說的。人只要不放其良心，不失其本心，無爲其所不爲，無欲其所不欲，那就是善的了。所以孟子除了叫我們以寡欲來養心外，主要便叫我們存心和求其放心。而所謂養心，不是說心本身有什麼不善，只是怕我們的心爲物欲所陷溺，所以才以寡欲來加以存養罷了。

孟子開始雖然只就人心說人性，但他並不停在這裏。心之官並不是和耳目口鼻之官對立的。心善，耳目口鼻亦不是惡，只是以小害大，以賤害貴才惡。孟子最後還要使耳目口鼻之官順從心之官，使之亦能表現仁義禮智之性，達到「仁義禮智根于心，其生色也，睟然見於面，盎於背，施於四體，四體不言而喻」（盡心上）的境界。人若和順積中，英華發外，到了內外如一的至誠的境地，孟子便稱之爲踐形。所以孟子說：「形色，天性也，惟聖人然後可以踐形。」（盡心

上）

孟子的人道觀，不外要人實踐那仁義禮智之性。一切人生文化均應從仁義禮智之端，擴而充之，如火之始燃，如泉之始達。故孟子對葬禮、仁政和他的辯說的所由起，都解釋爲源於人心之不容已。甚至他對唐虞三代的歷史事實，亦作了道德的解釋。在孟子看來，一切功業都應建基於心性之上，亦即要建基於道義上。所以他說：「仁者無敵」，（梁惠公上）「仁則榮，不仁則辱」（公孫丑上），「枉尺不足以直尋」（滕文公上），「其尊德樂道不如是，不足與有爲也」（公孫丑下），「天子不仁，不保宗廟，士庶人不仁，不保四體」（離婁上）。可見孟子要人居仁由義，不單由於仁義爲天之尊爵，人之安宅，是人人有貴於己者的良貴，更由於他深信非如此不足以成大功，立大業。不過，功利之事，到底是屬於人所不能把握的範圍，而不屬於盡其在我的心性範圍，所以孟子只加重人道的努力，要我們行法以俟命。現在且讓我們討論一下孟子的天道論。

墨子講兼愛，孟子重申了孔子所講的仁道，並發展爲性善之說。墨子非命，孟子也重申了孔子的天命觀，並且發揮得更爲盡致。孟子的天命觀究竟是怎樣的呢？孟子的天，大體和孔子的一樣，依然是具有宗教性的，所以他除引用了詩書中「惟天爲大」、「畏天之威」、「天方蹶蹶，無然泄泄」，和「天誅造攻自牧宮」等話外，他自己還說過「吾之不遇魯侯，天也。」（梁惠王下）「天未欲平治天下也」（公孫丑下）和「仰不愧於天」（盡心上）等語，可見孟子的天仍具有宗教的意味。孟天又繼承了周初天生烝民，有物有則的思想，說天是生民降才，並賦與仁義禮智之性的。故告子上云：「心之官則思，不思則不得也，此天之所以與我者。……仁義忠信，樂善不倦，此天爵也。」然而孟子的天並不是一位人格神。天是不言的，天命也不是諄諄然命之的意思。萬章上云：

萬章曰：堯以天下與舜，有諸？孟子曰，否。天子不能以天下與人。然則舜有天下也，孰與之？曰：天與之。天與之者，諄諄然命之乎？曰：否。天不言，以行與事示之而已矣。……昔者堯薦舜於天而天受之，暴之於民而民受之，故曰天不言，以行與事示之而已矣。……使之主祭而百神享之，是天受之。使之主事而事洽，百姓安之，是民受之也。……非人之所能爲也，天也。……莫之爲而爲者，天也，莫之致而致者，命也。

天命既然不是諄諄然命之，而只是從主祭則百神享，主事則百姓安的行事上才得知，可見孟子的天，並不是一個人格神。他只說：「非人之所能爲者，天也」，「莫之爲而爲者，天也」。從人所不能爲的地方肯定天，那還是消極的，從莫之爲而爲去肯定天，則是積極的。這表明人所不能爲之處，天卻自然而然地做了。但無論如何，孟子的天，已多從天人的分際處說，而不從天的本身說，因而超越的天道，已有落在心性上說的傾向。離婁上云：

天下有道，小德役大德，小賢役大賢。天下無道，小役大，弱役強。斯二者天也。順天者存，逆天者亡。

梁惠王下又云：

> 以大事小者，樂天者也，以小事大者，畏天者也。樂天者保天下，畏天者，保其國。

孟子這裏所謂順天，就是指天下有道，德之小者服役於德之大者；天下無道，則力之小者服役於力之大者。逆天則反是。故朱子把這個天字解釋爲「理勢之當然」。順理勢則存，逆理勢則亡，並非理勢之外，更有一個天存之亡之。樂天者保天下，畏天者保其國亦然。故朱子注這裏的天字云：「理而已矣」。可見孟子的天，確已不是個人格神，他除了對天保有宗敎的情感外，已逐漸向心性論的方向發展。孟子又云：

> 盡其心者，知其性也，知其性，則知天矣。存其心，養其性，所以事天也。殀壽不貳，修身以俟之，所以立命也。孟子曰：莫非命也，順受其正。是故知命者不立乎巖牆之下，盡其道而死者，正命也。桎梏死者，非正命也。（盡心上）

以上一段文字，陳述孟子的天命觀非常重要。孔子要我們知命，但卻沒有明確地告訴我們如何去獲知。因此墨子把孔子所講的命，誤以爲定命的命。孟子則明確地告訴我們盡心知性則知天。又孔子只叫我們安命，雖然孔子的安命是和踐仁不可分的，但卻容易使人誤會把一切都委諸天命。而孟子則明確地告訴我們：命有正命和非正命之分，人只能安於正命，而不能安於非正命，於是便要我們修身以立命。盡心知性的盡字和知字，如果作圓成的境地解，則盡心知性知天可如王陽明在答顧東橋書所云，是指生知安行，聖人之事。但若把盡字和知字解作動詞，即由未盡而求盡，由未知而求知，則盡心知性，雖不必如朱子解作卽物格知至，但卻總顯示出一段工夫。在孟子的系統中，雖然心性一時並了，但工夫則落在盡心上。而所謂脩身，實亦卽盡心。由盡心脩身以知天立命，把命分爲正命與非正命，要我們各盡其道，以順受其正，則這個天和命，便決不能再說是定命的了。而且墨子要我們尊天事鬼，把人的精神掛搭到外面去，孟子則明確地告訴我們，存心養性卽事天。於是一切外鶩的精神，全收回到切近的心性上。這都是孟子發揮或補充孔子的地方。

孟子在這裏並不是說天命之性與天本身有什麼隔閡，性是天所命的，仁義禮智乃天之所以與我者，則天就是仁義禮智之源，盡心知性卽可以知天。但這裏所謂天，到底和性有分別。這分別不是從理上說，而是從事上說。從理上說，性具有天理的全體，但從事上說，天是全體，性是部分，猶一源與眾流的關係一樣。旣然如此，則性與性之間便有了分際。而孟子的所謂命，就是從萬物稟賦於天而各成其性的分際上說的。性旣然各有定分，則物的性，對我而言，便是外在的，不能求則得之的，孟子便叫做命。本來我的性和物的性都是天所命的，但因爲我的性是操之在我，求則得之的，所以君子不謂之命。可見孟子的天命觀，雖然不是把一切都委諸天命的定命觀，但就其爲正命而不是非正命言，那命依然是「非人之所能爲」的。在人所不能爲的地方，人便只好行法以俟命了。故孟子在盡心下云：「動容周旋中禮，盛德之至也；哭死而哀，非爲生者也；經德不回，非以干祿也；言語必信，非以正行也。君子行法以俟命而已矣。」梁惠王上又云：「君子創業垂統，爲可繼也，若夫成功，則天也。」孟子對外在的事功雖然仍有不可把握之感，但對內在的心性世界，則已建立了一個非常穩固的常道。他說：「君子反經而已矣。經正則庶民興，庶民興斯無邪慝矣。」（盡心下）朱注：「經，常也，萬世不易之常道也。」以根於心性的仁義禮智爲基礎，建立起一個倫理的世界，以爲萬世不易的常道，這和人類在原始宗教下的徬徨恐懼之感相比，便簡直成了兩個世界。從孔子開始，而至孟子，人不但不再是自然的動物，也不是天帝的附屬品，而是一個頂天立地的人，爲三才之一的人了。於是，人爲貴的思想，便完全確立。這是中國文化心血的結晶，特別值得我們注意。

五　莊子的天人關係思想

莊書共分內外雜三篇，內篇廓大深微，爲莊子宗趣所在，外雜諸篇，多爲學莊者所作，但亦有可與內篇相發明的。今論莊子的天人思想，凡取資於外雜篇的，均以能與內篇相發明者爲限，至於與內篇思想顯然不同的，則不加論列。

莊子思想，在明天地之化道。一講化道，便通大小彼我而爲一。故外雜篇雖喜言性，內篇則不喜言性，只講眞宰、靈府等。眞宰和靈府都是心。故莊子雖然也講保身、全生，但形軀和生命，只比外物可貴一些，而最可貴的還是我們的心。故莊子要我們乘物遊心、自事其心，他對心的重視，是和孟子相同的，不過孟子是就心言性，莊子則就心言天罷了。近人多稱莊子思想爲自然主義，實則我們與其說莊子重視自然，不如說莊子更重視心。因爲莊子所重的自然，決非赤裸裸的自然，而是在至人的心境下的自然。故自然對於我們已完全沒有恐懼之感，而淨化爲一理想境界。支遁云：「逍遙者，明至人之心也。」實則莊子的全部思想，都在明至人之心。現在讓我們來討論一下莊子的天人思想。

中國天人關係的思想，自孔子開出了一個完全能操之在我的心性世界以後，墨子便要進一步由人道的努力，楔入孔子的天道範圍，客觀地建立起與天下之利，除天下之害的事功。然而，因爲他迷失了自周以來所艱苦提煉出來的心性，使禮義法度掛搭在縹渺的天鬼之上，成了無根之木，無源之水，所以不旋踵便被孟子拒斥，而墨學在中國，亦只如曇花一現，秦以後便湮沒無聞了。但孟子所能把握的，依然是內在的心性世界，心性之光並未用來照察外在的自然。故外在的自然繼續保留在天命的範圍內。天命本身是不可知的，它是在人的理解以上，知識以外的，是一個敬畏的對象，而不是知識的對象。孔孟說知命，只是知道有一個不可知的東西，不可把握的東西，這和周初的天命一樣，都是無常的。可是人是活在自然中的，若果自然保持在我們的心性以外，則心性的世界還是渺少得可憐，我們能忍受這種限制嗎？難道我們心性之光不能透到自然中去，使無常的自然，也成了個文明世界嗎？因此，如何憑藉我們的心性之光，去照明這個自然，實是中國先秦天人關係思想的必然發展。莊子的天人關係思想所以有進於孔孟的地方，即在他把這點心性之光投射出去，揭開了自然的神秘，成功了一個氣化的宇宙觀。

莊子所謂天，至少有以下三個意義：第一個意義是指人生中一切無可奈何的運命而言。如有孫休者，德非不修，而擯於鄉里，逐於州部，乃喟然嘆曰：「胡罪乎？天哉！」（達生）此卽以無可奈何之運命爲天。右師是個偏刖的人，公文軒見而驚問：這是天使之如此的，還是人使之如此的。右師對曰：「天也，非人也。天之生是使獨也，人之貌有與也，以是知其天也，非人也。」（養生主）嚴復注云：「分明是人，乃說是天，言養生安無奈何之命。」故凡莫之爲而爲的，都叫做天。第二個意義是指生而自然的而言。「牛馬四足，是謂天。落馬首，穿牛鼻，是謂人。」（秋水）馬，蹄可以踐霜雪，毛可以禦風寒，齕草飲水，翹足而陸，這是天。燒之、剔之、刻之、雒之，連之以羈馽，編之以皁棧，這是人。故凡生而自然的叫做天，凡於性情之外有所作爲的，叫做人。第三個意義是指整個氣化的自然或天地的大化而言。前兩個意義的天，是傳統中所本有的，但後一意義的天，則爲莊子所獨創，這是值得我們特別加以探討的。

莊子在逍遙遊開宗明義，卽用鯤鵬來比喻化道，繼則在齊物論又用莊周蝴蝶夢來比喻化道。大宗師則索性把天地比作大鑪，把造化比作大冶，要我們「與造物者爲人，而遊乎天地之一氣。」知北遊更云：「生也死之徒，死也生之始，孰知其紀。人之生，氣之聚也。聚則爲生，散則爲死。若死生爲徒，吾又何患？故萬物一也，是其所美者爲神奇，其所惡者爲臭腐，臭腐復化爲神奇，神奇復化爲臭腐，故曰：通天下一氣耳。」生死、聚散、臭腐、神奇，皆爲一氣之化，可見莊子在無常的自然中，確實體現出一個變化的性質來，因而提出「通天下一氣耳」的氣化的宇宙觀。莊子面對這些紛繁的自然現象，說它們都是一氣之化，可見莊子的自然觀，已完全化除了原始宗教觀中的巫魘性和神秘性，而在心性之光照察下朗現出來，成了潔淨的存在。

說天道是變化的和說天道是無常的不同，因爲無常只是不可把握，在人的理解以上、知識以外。變化則在人的理解之中，成了個知識。變化不是無常，而是有常，是以變化爲天道的常。由無常到有常，便是莊子有進于前人的地方。

此外莊子以其心靈之光投射到自然去以後，發現這個自然原是廣大無垠的。在這廣大無垠的宇宙中，物種之盛，品類之繁，使我們省悟到人的存在是微不足道的。於是我們才能從小我中解放出來，從以人爲中心的天道觀中跨出去，用開放的心靈，客觀地、平等地去了解這個宇宙，這也是有進于前人的地方。

莊子面對這樣一個廣大無垠，變化無方的氣化的宇宙，怎麼辦呢？他該有什麼相應的人道觀呢？

在氣化的天道觀中，我們的形體、生命、性分、子孫都是天地委付的，不能執爲實我。故安時處順，便成了最高的人生觀。天地今天化我爲人，我便爲人，明天化我爲物，我便爲物，化我爲斥鷃，則騰躍於榆枋之間，化我爲大鵬，則逍遙乎雲氣之上，「浸假化予之左臂以爲鷄，予因以求時夜，浸假而化予之右臂以爲彈，予因而求鴞炙」（大宗師）甚至鼠肝蟲臂，亦唯命是從。無論大小貴賤，都是一氣之化。現今化而爲小的賤的，將來可能化而爲大的貴的；現在爲大的貴的，將來也可能化爲小的賤的。天地的氣有聚有散，萬物便有成有壞。在一成一壞中，臭腐化爲神奇，神奇也化爲臭腐，芸芸眾生，根本平等，恢詭譎怪，道通爲一。這樣一來，還有什麼可選擇的呢？且方生方死，方死方生。莊周化而爲蝴蝶，就蝴蝶言是生，就莊周言是死，但蝴蝶亦可復化爲莊周，則就蝴蝶言便是死，就莊周言便是生了，一切的生都有舊的死，一切的死都有新的生。如是生死存亡，循環無端。人若能以死生爲一條，以存亡爲一體，則悅生惡死之情盡泯，而大小彼我之見都遣了。於是便產生一種和以天倪，寓諸無竟的曠達的人生觀，莊子稱爲帝之懸解。

莊子的齊物論主要是遣是非，莊子的大宗師主要是忘生死。而這一切都是在「以天待人，不以人入天」（徐無鬼）的情況下才能獲致的。故莊子反復地講無己、虛己、無我、喪我、心齋、坐忘等。其目的都是要我們不可陷溺在所化之中，而要從所化中超拔出來，解放出來，而遊心於天地一氣之化。因爲在莊子看來，所謂人，是指所化中的一物而言。凡陷溺於所化中的一物的心，便是成心，陷溺於所化中的一物的情，便是人情。而莊子所謂天，是指這氣化的自然而言，凡能乘化而遊無窮的人，都叫做天人。「天在內，人在外。」（秋水）天則榮，人則辱。故莊子曰：「有人之形，無人之情。有人之形，故羣於人。無人之情，故是非不得於身。眇乎小哉，所以屬於人也。謷乎大哉，獨成其天。」（德充符）

也許我們會這樣問：自然雖爲一氣之化，但當他化而爲萬物時，便各有各的性分，如莊周化爲蝴蝶，我們雖可說莊周與蝴蝶是一氣之化，但蝴蝶究竟不是莊周，莊周究竟不是蝴蝶，「周與蝴蝶，則必有分」。（齊物論）故萬物就其各成一物而未遷化言，是各有定分的，就這些定分由天之一氣所化言，便可以說是天然。不過，這一定分只是萬化中的一遇，不能執爲實我。以所化的性分爲天，仍不能離開大化去孤立地說。這一點在理解莊子時非常吃緊，因爲一有所執，必從那理想的自然，氣化的自然落下來，只講性分的自然，這已經屬於人，而不屬於天了。

由上可見，莊子的天道觀首先由無常體認出變化，由變化而體認出一切個體都是萬化之一遇，而萬化則未始有極，故不可執化中之一物爲我。人從小我中解放出來，則孟子人禽之辨和人爲貴的思想便站不住了。莊子現在是要從以人爲中心的天道觀中跨出來，客觀地、平等地去了解宇宙之大，萬物之繁。於是人生在此變化無方、廣大無垠的宇宙中，比蜉蝣之於天地、一粟之於滄海還要渺小。人的存在既然是這樣微不足道的，那還有什麼利害可爭，是非可辯的呢？故凡聞莊子學說的，都可使人從孜孜爲利，斤斤計較中超拔出來，像堯見神人以後一樣，「窅然喪其天下焉」。對這一宇宙觀的發揮，以秋水篇最爲淋漓盡致。秋水篇中把國與國之間爭城以戰，殺人盈城，爭地以戰，殺人盈野的事，喻爲蝸牛角上觸氏和蠻氏之爭。則我們也該覺得毫無意義而廢然知返了。

然而，由宇宙之大，以見人生的渺小，只是莊子人生觀中消極的一面，莊子的人生觀，除此以外，尙有積極的一面。天下之水，莫大於海，但海若未嘗以此自多者，是因爲他比形於天地，覺得自己之在天地之間，猶小石小木之在大山，正嫌其少，又怎會自以爲多呢？但這裏所謂大小多少，完全是從軀殼起念，即「比形於天地」所致。若我們不從「形」上起念，而從我們的心神、或有情有信的眞宰、及不與物遷的生主着眼，則天地雖大，精神與之俱大，形體雖小，精神卻可不與之俱小，這便可以「乘天地之正，而御六氣之辯，以遊無窮。」（逍遙遊）而我們的人生，亦可以「與造物者爲人而遊乎天地之一氣」（大宗師）了。因爲見天地大而我小，仍有彼我之對立，未能與化爲人，若確實見得「通天下一氣耳」，則不獨豪末未足以定至細之倪，天地不足以窮至大之域，卽豪末與天地，亦渾而爲一，着不得「自多」、「自少」的「自」字，如是乃能獨與天地精神相往來，這才是莊子所嚮往的人生。

在這樣曠達的心胸之下，便有莊子妻死，鼓盆而歌的事。莊子云：「是其始死也，我獨何能無概然。察其始而本無生，非徒無生也，而本無形，非徒無形也，而本無氣。雜乎芒芴之間，變而有氣。氣變而有形，形變而有生。今又變而之死，是相與爲春秋冬夏四時行也。人且偃然寢於巨室，而我噭噭然隨而哭之，自以爲不通乎命，故止也。」（至樂）至樂篇也講過這樣一個故事：莊子到楚國，路見一具骷髏，莊子很悲憫他，想請司命的神復他血肉肌膚，把他送回父母妻子鄉里的跟前，重享生人的快樂。豈知那骷髏以生爲勞，以死爲樂，卒不願重返人間。這種以生爲勞，以死爲樂的思想，雖然不是莊子以死生爲一條，以存亡爲一體的本意，但哭死而哀，亦確非莊子所取。因爲莊子是要我們知化乘化的。今偶然化爲人，即執爲實我，使一己陷而爲化中之一物，名實未虧而喜怒爲用，得之則喜，失之則悲，當別人化而爲他物時，而我則噭噭然而哭之，這在莊子便叫做「怛化」。怛化者不能安時處順，是莊子所叱斥的。可見至樂篇以生爲勞，以死爲樂的思想，雖然對莊子原意推論過當，但「不知說生，不知惡死，其出不訢，其入不距。翛然而往，翛然而來」（大宗師）的思想，在內七篇中俯拾卽是，確爲莊子特有的一種人生智慧，值得我們注意的。

至於莊子所講的命，則完全是運命的意思。因爲天是一氣化的天，人在大化中一切莫之致而致的運遇，統統叫做命。「死生、存亡、窮達、貧富、賢與不肖、毀譽、飢渴、寒暑，是事之變，命之行也。」（德充符）這些事之變、命之行，全不是人力所能左右的，這便是命。故大宗師云：「父母豈欲吾貧哉。天無私覆，地無私載，天地豈私貧我哉，求其爲之者而不得也。然而至此極者，命也夫！」德充符又云：「中央者，中地也。然而不中者，命也。」以「求其爲之者而不得」爲命，則命顯然是人事所無法把握的。命旣爲人事所無法把握的，因此人只能「知其不可奈何而安之若命」（人間世）「東西南北，唯命之從」（大宗師）了。

莊子于安命的思想外，尙有修養的功夫。因爲莊子所嚮往的自然，決不是那赤裸裸的自然，而是一個由虛己無我所體現出來的淨化了的自然。這個自然，實和我們道通爲一的心境不可分，這樣一個理想的自然，當然只能由修養才能獲致。故莊子內七篇中，除逍遙遊顯示莊子的理想境界外，其餘六篇，都是莊子要達到逍遙遊理想的工夫。齊物論是要我們齊物議的是非，養生主是要我們依乎天理，人間世是要我們虛己無我，德充符是要我們守宗貴德，大宗師是要我們安時處順，應帝王是要我們順物自然。如果我們對人情物理毫無理會，至論是非則若辯者以堅白之昧終，養生主則若族庖之折大軏，處人間則若螳螂之怒臂以當車，與及形壞而不知貴德，物化而不能守宗，應帝王則如混沌之聰明自用，這就不但不能得逍遙遊，卽欲盡其天年而不中道夭亦不可得。故庚桑楚云：「備物以將形，藏不虞以生心，敬中以達彼，若是而萬惡至者，皆天也，而非人也。不足以滑成，不可內於靈臺。」莊子在此以養形、養心和敬中爲修養的工夫。以盡了我們的修養仍不能避免的「萬惡」，歸之於天。既然那是屬於天的，我們便要安之若命，不可妄生怨艾，使橫逆的遭遇滑亂我們的心神。這和孟子修身俟命的思想頗有類似之處。

然莊子修養之道，究竟是怎樣的呢？莊子一則曰山木自寇，膏火自焚，虎豹之文來田，猨狙之便來藉，這似乎要我們最好不要有什麼特長。二則曰：德厚信矼，未達人氣，名聞不爭，未達人心，而彊以仁義繩墨之言，述暴人之前者，必不能免於禍患，則又似要人講信修德。然則莊子所謂道是怎樣的呢？在山木篇中，莊子的弟子曾提出這樣一個問題：「昨日山中之木，以不材得終其天年，今主人之雁，以不材死。先生將何處？」莊子對這一問題有很清楚的解答。莊子說：「周將處夫材與不材之間。似之而非也，故未免乎累。若夫乘道德而浮游，則不然。無譽無訾，一龍一蛇，與時俱化，而無肯專爲，一上一下，以和爲量，浮游乎萬物之祖，物物而不物於物，則胡可得而累邪。此神農黃帝之法則也。」一般人對莊子人道論的誤解有二：一則以爲莊子主張人要做一個無才之人，猶木要做散木，而不可爲文木。像狸狌之才，螳螂之臂，結果不是死於網罟，便是毀於輪下。二則以爲莊子將處於才與不才之間，做一個不上不下的庸才。但就山木篇所述，可見莊子並不是如此。莊子所謂道，是要乘道德而浮游。這和孟子所謂道一樣，要隨時權變，不能固執一偏。若處於材與不材之間，便有點像子莫執中。故莊子以爲似之而非，未免乎累。至於莊子所謂乘道德而浮游，是要我們與時俱化，無肯專爲。而所謂無譽無訾，就是和光同塵，無近刑名的意思；所謂一龍一蛇，就是彼且爲無町畦，亦與之爲無町畦，彼且爲無涯，亦與之爲無涯的意思。能夠做到這樣的地步，則不但能遠離一切禍害，且能乘物遊心，吉祥止之了。但這樣的境地，決不是無才的人或庸才的人所能達到的。故曰：「此神農黃帝之法則也」。可見莊子至少是要我們修道修德到神農黃帝的境地。故他一面說無用，一面又說無用之用；一面說無才，一面又說聖人之才；一面說知也無涯，一面又說有眞人然後有眞知。

由上可見莊子和孟子的思想，雖有相似之處，但他們的背景則是完全不同的。孟子所謂心、性、天，都是就仁義禮智的德性而言，因此孟子的修身，就是修仁義禮智之德，所謂率性循理，亦是率循仁義禮智之理。所謂權變，亦以這些德性爲標準。至於莊子的天，根本不是個義理之天，而只是個氣化的天。因此他所謂「情莫若率」（山木）、「依乎天理」（養生篇）完全是率循情性、隨順物理的意思。這裏所謂情性、物理，都是沒有道德意義的，因此，並不是要我們守死善道，或殺身成仁，而只是了解天地之化，以求全生保身，與乘物遊心罷了。故孔孟的人道是剛健的，生命的目的就是要成就仁義禮智，雖然仁義禮智並不和個人生命完全對立，但卻不是完全合一的。因爲仁就是感通，他本身不是私的。故儒家是要以個體生命去完成一些有羣體意義的德業。而莊子的人道則是柔順的，他要人的生命收回到自己最內在的地方去，把自己的生命作爲最高的目的。這實在很像孟子所批評的楊朱。故莊子所修的身，除了指形體、生命外，還指那能夠與時俱化、順物自然的靈府而言。這都完全沒有道德的意味。說莊子是自然主義，是要從這些地方着眼的。至於莊子所講的安命，和孟子的俟命亦不同。莊子的安命是安於氣化的宇宙中所遭遇到的一些已然的事實，而孟子的俟命，則是俟於超越天道的未然的命運。因爲在莊子的思想中，只有一個氣化的自然，這自然之上，並沒有超越的天道，因而所謂命，只是指我們所遭遇到的事實而言。凡事實都如鐵石般無情的，而人生卻常常遭遇到很多不幸的事實，因此莊子特有一種無可奈何的悲情。莊子對人生的可悲可哀，原比先秦其他諸子都有更深切的體會，故莊子書中隨處流露着對人生的感嘆，他爲了要人從不幸的遭遇和生死的大限所造成的悲哀愁苦、和飄零無依之感中超拔出來，便只有轉化出一種齊彭殤、一死生的浪漫態度來自解自慰。但這種態度，在孔孟看來，是不嚴肅的。因爲他不能正視人生，不能承擔人生的命運。卻總想逃避命運，反叛命運，從命運中解脫出來。而卒不免流爲玩世不恭，遊戲人間。這雖是情有可原，但人生的事，豈眞如此便超化得了？王羲之在每感「昔人興感之由，若合一轍」以後，而知「一死生爲虛誕，齊彭殤爲妄作。」（蘭亭集序）可見莊子所謂「帝之懸解」者，實未能解。這便顯出人生的莊嚴，不是浪漫的藝術態度所能超渡的。至於孔子的知命和孟子的俟命，是用嚴肅的態度來正視人生的命運的，他們當然也有一種無可奈何之感，但由於孔孟對天道都有一種超越的宗教感情，故命運之來，除了出以嚴肅的心情去承當外，到底還有個廻旋的餘地，不致像莊子面對無情的事實，只有產生悲觀與絕望。莊子帶有浪漫氣質的樂天思想，實在是從悲觀絕望中鑽出來的。因爲殘酷的事實，像無情的鐵石般壓在我們脆弱的生命之上，如果我們的生命不是一個道德的生命，不能承當這些事之變、命之行，自然會幻想出種種逃避的方法。孔孟的生命是個道德的生命，他們在反求諸己，盡其在我以後，對於一切外在的命運，均無暇計及，又因他們有一個超越的天道，故不會自陷於悲觀絕望之中，因而也用不着乞靈於幻想，而能以嚴肅的心情，去承當一切命運。這是孔孟和莊子不同的地方。

莊子對無情的事之變、命之行，雖然也會叫人自事其心，安無可奈何之命，但最後還是按不住那悲觀絕望的感情，而用一種浪漫的態度來自解自慰，可見莊子對自然仍是毫無辦法的。不過，至少莊子已認識了這樣一個自然。事實雖是無情的，但到底只是一個事實，倘若我們把握了它的規律，則這塊無情的鐵石，也會變爲柔軟的海綿，可以讓我們舒舒服服地躺在上面。庖丁的批大郤，導大窾，依乎天理，因其固然，不是使他恢恢乎遊刃有餘嗎？莊子對這方面的成就雖然不大，但已知道自然並不神秘，而只是一氣之化，只要，我們用虛己無我、順物自然的心去適應它，把握它的規律，未嘗不可以與化同遊。這理想雖然浪漫一點，但確已對先秦天人關係思想之發展，推進了一大步，這不能不說是莊子的偉大貢獻。

六　老子的天人關係思想

討論先秦諸子天人思想的發展，除非我們把老子撇開不談，否則總要替老子一書在思想史上安排一個地位。老子成書的年代問題，歷來都是爭論最烈的。在紛紜眾說之中，筆者採取錢師賓四的說法，把老子成書的年代，定在莊子之後，荀子之前。錢師的考證，詳見莊老通辨一書。略云：「莊子成書，實在老子五千言之前。莊子與孟子略同時，而老子書則當與荀況韓非相先後。今莊子書中，也有許多晚出的篇章，應在老子書之後。」

上面說由周初、孔子、墨子以至孟子都把天道看成一敬畏的對象，到莊子，才轉而把天道看成一理解的對象，而成功了一個氣化的宇宙觀，說天道是變化的。可是天道究竟是如何變化呢？在莊子看來，天道是變化無方的，我們不能從它的變化中獲得什麼知識。因此他對事之變、命之行，實在沒有法子，便只好自事其心，知其不可奈何而安之若命了。老子則不然。老子的天道雖然也是變化的，但其如何變化，卻是可以理解、可以把握的。他開始從天道的變化中，看出它的規律來。

天道的規律是怎樣的呢？老子說：「天之道，其猶張弓乎，高者抑之，低者舉之，有餘者損之，不足者補之。天之道，損有餘而補不足。」（第七十七章）又云：「天地所以能長且久者，以其不自生，故能長生。」（第七章）以至「曲則全，枉則直，窪則盈，敝則新，少則得，多則惑。」（第二十二章）和「兵強則不勝，木強則兵。強大處下，柔弱處上。」（第七十六章）都是天道，也都是天的規律。

老子對於變化的天道，只從相對的兩極去加以把握。如高者、低者；有餘者、不足者；曲、全；枉、直；窪、盈；敝、新；少、多；強大、柔弱等是。而在這相對的兩極中，老子認爲天道是柔勝剛，弱勝強，損有餘，而補不足的。因此老子卽以柔弱一面爲道。這柔弱一面是衆人所憎惡的，所以老子說「反者道之動，弱者道之用」、「處衆人之所惡，故幾於道」、「上士聞道，勤而行之，中士聞道，若存若亡，下士聞道大笑之，不笑不足以爲道。」（第四十一章）又云：

致虛極，守靜篤。萬物並作，吾以觀其復。夫物芸芸，各歸其根。歸根曰靜。靜曰復命。復命曰常。知常曰明。不知常，妄作凶。知常容，容乃公。公乃王。王乃天。天乃道。道乃久。歿身不殆。（第十六章）

天地之道，有盈有虛，有動有靜，有來有往，有作有復。常人都只喜歡盈的、動的、來的、作的。而不知盈則虛，動則靜，來則往，作則復，結果所求完全落空。老子明白虛則盈、靜則動、往則來、復則作。故總不肯自居於盈、動、來、作之所，而要自居於虛、靜、往、復之地。故他要致虛極，守靜篤，萬物並作，以觀其復。不看物之芸芸，而看它們各歸其根。老子卽以虛極、靜篤、歸根、復命爲天道。這和孟、莊的天道觀都有着很顯然的不同。孟子是從生生之仁來看天道的，莊子是從變化無常來看天道的，而老子則從歸根復命來看天道。故老子特有一種陰柔的性質。這樣的一個道體，老子便簡稱之爲「無」。

老子的人道觀，是順着他的天道觀而來的。天道既是高者抑之，低者舉之，那麼我們便不可自高。天道既是損有餘而補不足，那我們便不可自滿。天道既以其不自生，故能長生，那我們便不可自生。天道既是強大處下，柔弱處上，那我們便自卑些好了。這都是反者道之動，弱者道之用，是人道上動用的原則。老子便簡稱之曰「無爲」。但這並不是我們不想居高，不想有餘，不想長生，不想強大，而是非服從自然的規律，便不能達到我們的目的。故侯王自稱孤寡不穀，都是因爲這個道理。

上論老子在人道方面所服從的原則，是一個無爲的原則，但老子的無爲，究竟是什麼意思呢？無爲並不是無所事事的意思，茲就老子書中所謂無爲者，分爲五義如下。

老子第一義的無爲，是指生而不有，爲而不恃而言。故云：「聖人處無爲之事，行不言之教，萬物作焉而不辭，生而不有，爲而不恃，功成而弗居。」（二章）

老子第二義的無爲，是指圖難於其易，爲大於其細，爲之於未有，治之於未亂等而言。故凡能在幾微處用心着力的，都是無爲。老子云：「圖難於其易，爲大於其細。天下難事，必作於易。天下大事，必作於細。是以聖人終不爲大，故能成其大。……其安易持，其未兆易謀，其脆易泮，其微易散，爲之於未有，治之於未亂。合抱之木，生於毫末。九成之台，起於累土。千里之行，始於足下。爲者敗之，執者失之。是以聖人無爲，故無敗。無執，故無失。」（第六十三——六十四章）

老子第三義的無爲，是指爲於柔弱一面而言。凡成、盈、直、巧、上、大、多、雄、白、榮等，都屬於剛強一面，亦卽有爲一面。凡缺、冲、屈、拙、下、小、少、雌、黑、辱等，都屬於柔弱一面，亦卽無爲一面。故老子云：「天下莫柔弱於水，而攻堅強者莫之能先，其無以易之。柔勝剛，弱勝強，天下莫不知，莫能行。是以聖人云：能受國之垢，是爲社稷主。能受國之不祥，是爲天下王。正言若反。」（第七十八章）又云：「人之所惡，惟孤寡不穀，而王公以爲稱。故物或損之而益，或益之而損。人之所教，我亦教之。強梁者不得其死，吾將以爲教父。天下之至柔，馳騁天下之至堅，無有入於無間，吾是以知無爲之有益也。」（第四十二——四十三章）

老子第四義的無爲，是指不爲已甚而言。如不貴難得之貨，不見可欲，虛其心，弱其志，常使民無知無欲等便是。老子云：「不尙賢，使民不爭。不貴難得之貨，使民不爲盜。不見可欲，使民心不亂。是以聖人之治，虛其心，實其腹，弱其志，彊其骨，常使民無知無欲，使夫知者不敢爲也。爲無爲則無不治。」（第三章）又云：「天下多忌諱，而民彌貧，民多利器，國家滋昏，人多技巧，奇物滋起，法令滋章，盜賊多有。故聖人云：我無爲而民自化，我好靜而民自正，我無事而民自富，我無欲而民自樸。」（第五十七章）

老子第五義的無爲，是指聖人不爲，因物爲之的意思。世間非有不行而知，不見而名，不爲而成的事。但物之有爲，卻可因我之無爲。故老子曰：「不出戶，知天下。不闚牖，見天道。其出彌遠，其知彌少，是以聖人不行而知，不見而名，不爲而成。」（第四十七章）

由此可知，老子在人道上是完全法天道的規律的。凡法天道之德，便稱爲玄德。故曰：「生而不有，爲而不恃，長而不宰，是謂玄德。」（第十章）他認爲依這些規律去行事，才能成功，否則便會失敗。故曰：「玄德深矣遠矣，與物反矣，然後乃至大順。」（第六十五章）因此老子不但把周初孔孟不可知的天道觀完全打破了，且把他們無常的宇宙觀也完全改變過來。天道在莊子，還多少保有一些神秘莫測的色彩，但到了老子，便成功了一個完全在理解以內的、知識範圍以內的、有常的、有規律的自然。

在不可知、不可把握的宇宙觀中，人只好俟命和安命，但在自然的規律掌握在我們的手裏時，人在宇宙中，便眞可以有天上天下，唯我獨尊的氣概了。在孔孟和莊子的天道觀中，是非、得失、榮辱、貧富等得之有命的事，都是人事所不能把握的。所以只好俟之安之。但老子便不同了，他法天道，而不是順天命，法天道的規律，而不是順天道的變化，法天道的規律來統御自然，而不是順天道的變化以遊心。孟莊都有自事其心的意思，但老子卻不願意使人生的願欲退回來，只求心之所安。他要人生在自然中創造自己的命運，而不甘在內心中求生活。這是他有進於孟莊的地方。至於墨子在主觀上雖然也要在客觀環境中建功立業，但墨子仍要乞靈於天志鬼神，而老子則是毫無依傍的，他不必肯定鬼神的存在，只賴掌握這個自然中的規律來改造人生，改造世界，這是老子有進於墨子的地方。老子這樣的一種天道觀和人道觀，不但自信能達到任何功利的目的，且對人生的生死大限，也滿懷信心地要克服他。像愛嗇精神、清心寡欲等，都是他的養生方法。生死大限的問題，孔孟只能叫我們嚴肅地正視它，莊子只能要我們在心靈上求解脫。在實際人生中，孟莊都只能要我們做到順受其正，和盡其天年而已，對命運之來，實在也無可如何。老子則不滿意這種「存，吾順事；歿，吾寧也。」的態度和「與天地爲一」的幻想。他要實實際際地求生命的長久，故有所謂長生久視之道。這都是人在把握了宇宙的規律以後所產生的一種雄心壯志。人開始要來改造現實的人生，和冲破一切的限際了。故曰：「無爲，故無敗。」「爲無爲，則無不治。」呂氏春秋先己篇更謂「無爲之道曰勝天。」這雖是狂妄一些，但人們是應該有過這樣的狂妄的。

莊子天下篇曾清楚地敍述了莊老的不同。現在我們就他們的天人思想，概論如下。從天下篇看莊老的不同，第一點是莊子所見的天道是「芴漠無形，變化無常」的，老子則「建之以常無有。」老子所見的天道所以是有常的，因爲他把握了天道中物極必反，作則必復的規律。而所謂「無、有」，就是老子把握天道變化的兩極。對這兩極，老子是有所取捨的。故云：「人皆取先，己獨取後……人皆取實，己獨取虛。」但莊子的天道是變化無常的，無所取捨的。他與時俱化，無肯專爲。若像老子般執無爲爲天道，便是「專爲」了。故有「芒乎何之，忽乎何適，萬物畢羅，莫足以歸」的形容。

第二點莊子的人生態度主要是遊。老子則主要在用。莊子對於得失、雌雄、榮辱、毀譽等全不介意。一心只在「上與造物者遊，而與外生死、無終始者爲友。」而老子則念念不忘得失、雌雄、榮辱、毀譽等問題，故曰：「得焉者失。……知其雄，守其雌……知其白，守其辱。……堅則毀矣，銳則挫矣。」可見老子實在是個用世的人，而莊子雖非出世，亦是個遊世之士。

關於鬼神的問題，自孟子以來，便有了很大的轉變。我們曾說明墨子所謂明鬼，目的在神道設教，他只是因就老百姓的迷信作爲致治之資罷了。至於墨子本人，對於鬼神的存在，並沒有孔子般的實感。雖然如此，但墨子畢竟是在言語上承認鬼神的存在和作用的。至於孟子則根本沒有提到鬼字。提及神的地方，也只有兩三處。像萬章上云：「使之主祭而百神享，是天受之。」盡心下云：「聖而不可知之謂神。」在萬章上所引的，孟子是在解述三代禪讓不是私相授受，他是在那裏講歷史，並不在申述他對神的見解。至於盡心下所引的，才表示了孟子對於神的見解。他把神說成是一種精神境界，我們若能使善實有諸己，並充實之，使之有光輝，做到不思不勉，從容中道，而達人不能測的地步，便是神了。因此神不是在這個世界以外的存在，只是人生以內的一種境界。

至於莊子論及鬼神的地方雖然很多，但莊子的鬼神，都是不能害人的。如山木篇謂魯侯敬鬼尊賢，仍不免於患。市南宜僚便說他「除患之術淺」，必須刳形去皮，洒心去欲，才能免於患。

達生篇謂桓公在澤上田獵，見了鬼，回去便病了，皇子告敖便對他說：「公則自傷，鬼惡能傷公。」天道篇更曰：「知天樂者，無天怨，無人非，無物累，無鬼責。……其鬼不祟，其魂不疲。」可見莊子的鬼神，不但不如墨子般司賞罰，若人能洒心去欲，樂天知命，則鬼神是無法作祟的。而且就莊子氣化的宇宙觀言，「生也天行，死也物化」，一物死後，應該無所謂鬼神的存在。所以莊子的鬼神，應該是指陰陽二氣的良能而言。寓言篇云：「一年而野，二年而從，三年而通，四年而物，五年而來，六年而鬼入，七年而天成，八年而不知死不知生，九年而大妙。」成玄英注「鬼入」云：「神會物理」。因此所謂鬼入，是指人的聰明聖智，能冥合物理的意思。人間世謂「夫徇耳目內通而外於心知，鬼神將來舍。」亦應同此解。不過寓言篇只講「鬼」，人間世則「鬼神」並稱。寓言篇說「入」，人世間則說「來舍」罷了。故莊子所謂神人，和孟子一樣，只是指達到某種精神境界的人而言。而不是在人以外，另有所謂神人。故逍遙遊所謂「大浸稽天而不溺，大旱金石流土山焦而不熱」的神人，秋水篇解釋云：「至德者，火弗能熱，水弗能溺，寒暑弗能害，禽獸弗能賊，非謂其薄之也，言察乎安危，寧於禍福，謹於去就，莫之能害也。」神人只是個至德的人，他也有一個血肉之軀，當然火能熱之，水能溺之，但一個有道德之人，達於理，明於權，故能不以物害己。這都可見莊子所謂神人，是一個由無己而達於理、明於權的人吧了。

至於老子的鬼神觀，和莊子一樣，都有鬼神之道不能違反人道的意思。一個有道的人，因為他的所爲，合於天道，故鬼神也不能傷他。老子云：「以道莅天下，其鬼不神。非其鬼不神，其神不傷人。非其神不傷人，聖人亦不傷人。夫兩不相傷，則德交歸焉。」（第六十章）又云：「神得一以靈……神無以靈將恐歇。」（第三十九章）由於道能神鬼神帝，生天生地，故鬼神之所以有神靈，皆由於他們有得於道，當聖人以道莅天下的時候，天下都是合於道的，既然人鬼都合於道，便不覺得鬼神有特別的神靈了。實際上鬼神並不是失其神靈，只是不能對循理服道的人有所傷害罷了。這和聖人不傷害循理服道的人是一樣的。這種死生人鬼，其理不二的思想，爲中國自孔子以來的傳統思想，先秦諸子對此大致都無異辭。到乾文言，便直截地說出「夫大人者，與天地合其德，與日月合其明，與四時合其序，與鬼神合其吉凶」的話來了。

七　荀子的天人關係思想

先秦哲學的天、人思想，經孔、墨、孟、莊、老諸家的發明後，已逐步由敬天轉而爲知天與法天了。但孟、莊的思想，仍限於自事其心，對人生在客觀宇宙中的命運，依然無可奈何。到了老子，才對天道有了進一步的理解，使我們不但知道天人的分際，而且知道把握天道的規律，使一向作爲敬畏對象的天，成了個知識的對象。而且天道的神秘性不斷減少，可知性不斷增加，結果便產生了荀子的天人思想。

荀子的天道觀，近人多祇認識他開新的一面，而忽略了他繼承的一面。荀子天道觀的開新的一面，是他把天道化為今天科學所對的自然。而繼承一面，則依然把天道作為一個崇敬的對象。這一點似乎很少人注意。現在讓我們分別加以論述。

荀子繼承傳統天道觀的地方，主要是以天為生人生物的大本，為我們生命的根源，並對這一根源有一報本反始的心意。因而依然保留着傳統上祭祀天地的禮節。荀子云：

禮有三本：天地者，生之本也；先祖者，類之本也；君師者，治之本也。無天地，惡生？無先祖，惡出？無君師，惡治？三者偏亡，焉無安人。故禮，上事天，下事地，尊先祖，而隆君師，是禮之三本也。（禮論）

在不苟篇中，荀子也說：「君子大心則敬天而道，小心則畏義而節。」可見荀子確實以天地為敬事的對象。不過荀子所以敬事天地的理由，祇在「生之本也」一點上。並不是由於天地神明不測，若不加敬事，便會得不到什麼福祉，或招致甚麼災禍。因為荀子認為天行有常，天決不會因為我們對他敬事或侮慢便改變了他自己的規律。這和墨子的天，常常監臨下土，施行賞罰者不同。故人們敬事天地，完全出於報本反始之心，沒有一點迷信的成分。荀子說：

日月食而救之，天旱而雩，卜筮然後決大事，非以為得救也，以為文也。故君子以為文，而百姓以為神。以為文則吉，以為神則凶。（天論）

又荀子把事天地和尊先祖、隆君師並列，可見他事天地之意，和尊先祖、隆君師的意思是一樣的。這裏的天地雖然是個崇敬的對象，卻沒有絲毫神秘的色彩，正如先祖之可尊，君師之可隆，並沒有甚麼神秘一樣。儘管如此，荀子的天仍和科學所對的自然不同。因爲荀子的天是就那生生不已的本體上說的，而不完全是指那作爲客觀對象的自然。這一生生不已的本體，因爲它是我們生命的根源，所以我們對它有感恩之心，而對於科學所對的自然現象，我們卻不能有這樣的感情。

至於荀子天道觀的開新一面，是把天道看作科學所對的自然。科學所對的自然是完全遵循它自身的規律而運行，不受自然以外的力量干擾的。荀子的天道，在生物生人以後，亦不再加以干涉，只要我們能把握它的常道或規律，我們便能物畜而制之，制天命而用之，應時而使之，騁能而化之，與及理物而勿失之。所以他說：「天行有常，不爲堯存，不爲桀亡，應之以治則吉，應之以亂則凶。」（天論）至於像星墜木鳴之類，荀子只認爲是天地之變，陰陽之化，物之罕至者，我們對這些自然現象一時雖不能了解其原因，把握其規律，但亦「怪之，可也；而畏之，非也。」（天論）怪之是就知識上說的，畏之則有超自然的意義，彷彿覺得星墜木鳴是天地鬼神在那裏作祟似的，那就不對了。因此我們對天道一味憑主觀的願慕，敬之畏之，都是於事無補的。故天論篇一則說「舍其所以參而願其所參，則惑矣。」再則說：「君子敬其在己者，而不慕其在天者。」所以參是在己者，所參是在天者。天本身既然不行賞罰，則爲禍爲福，無不是由自己招致的，這就要特別注意在己的所以參之道了。

荀子的天道觀既有繼承與開新兩面，則人所要求知的，不是所敬的天，而是這個天表現在自然現象上的種種規律。然現象上的種種規律。據荀子天論篇的意思，所敬的天是不爲而成、不求而得的，其事無形可見，因而也無從知識，我們只能以虔敬的心情，大而思之、從而頌之，而用不着加慮、加能、加察的。這就叫做「不與天爭職」、唯「聖人不求知天」。但聖人不求知的天，只是指那天道之所以然。至於天道實然的規律，如列星隨旋，日月遞炤，四時代御，陰陽大化，風雨博施，其事之所以然雖不可見，但其功迹卻是很顯然的。這種天道變化自有其規律，不會因人之惡寒而輟多，亦不會因人之惡遼遠而輟廣，所以我們可以物畜而制之，制天命而用之，這是荀子所要求知的。荀子這種態度，有似今天的科學態度。今天科學亦只敘述事實的是什麼，從其所是中歸納出一些規律來，以求戡天役物，而不必解釋事實的爲什麼，探究現象背後之所以然。

然而，荀子所敬的天，和所制的天，還可以是同一的。不過所敬的天是就生之本上說，而所制的天是就天行有常的規律上說。對這些規律制而用之，並不妨害我們對這生生不已的本體的敬事。因爲同一的天，可以有形而上的本體一面，也可以有形而下的現象一面。因此荀子一面認爲天是科學所對的自然，一面又認爲是敬事的對象，這和今天許多科學家，一面認爲自然是個被治的對象，一面卻仍信仰自然現象背後是有主宰的一樣，並沒有不可以之處。

荀子的天，雖有一面是科學所對的自然，卻也不是個赤裸裸的自然。因爲我們所謂赤裸裸的自然，是指由原始心靈的無明所觀察到的自然而言。這是個充滿驚險與混濁的自然，早已隨人類文明的發展而消逝了。今天科學所對的自然，是用虛壹而靜的清明心照察出來的。而這一清明心是人類在漫長的歷史中艱苦提煉的成果。沒有這樣一個清明心，純粹的事實和客觀的自然便提煉不出來，故培根要打倒我們心中的偶像，荀子要解除我們心中的障蔽，這都可見科學所對的條理分明、秩序井然的清明世界，是和我們的清明心不可分的，它決不是一個赤裸裸的自然，而是一個由人類文明的心光所照明的科學的自然，一個聖人作而萬物覩的光華遍地的通明世界。我們拿荀子這種天道觀和上述各家的天道觀相比，便知道他實在有着偉大的時代意義。中國人不再一味退縮在內心世界中去求安身立命了，我們已大膽地跨進那過去爲我們認爲不可知的宇宙中，自信地，有把握地來建功立業了。雖則由於文化性格的限制，所謂建功立業，仍偏於外王一面，但中國人無論在宇宙問題上，或人生問題上，都已獲得基本的解決，文明之光，不但照明了內在的心性，也照明了外在的世界，則是很足以自豪的。

關於荀子的鬼神觀，雖然有「葬禮，敬藏其形也。祭祀，敬事其神也」（禮論）的話，承認人死後其形雖藏，其神仍在。但這只是荀子受傳統影響的一面。就另一面，或他自己更確信的一面言，荀子是認爲人死以後卽屬無知的。他說：「禮者，謹於治生死者也。……夫厚其生而薄其死，是敬其有知而慢其無知也，是姦人之道，而倍叛之心也。」（禮論）荀子在天論篇說「形具而神生。」則形壞便當神滅，因此說死爲無知，是很自然的。故禮論篇又有「明器貌而不用」的話。（楊注：明器，鬼器。貌，形也。言但有形貌也。）人既然死而無知，爲什麼我們還要行祭祀呢？荀子以爲人死而向他行祭祀，並不是說死者尚有知覺，而只是生者自盡其道。因爲站在人道的立場說，我們不能在別人知道我們時，我們才對他好，在別人不知道我們時，我們便對他不好。倘若如此，便是姦人之道，倍叛之心。但我們無論別人知道或不知道我們時，我們都對他好，這種忠信之心，卻不是爲了報答，或爲了其他利害的關係，而只是爲了自盡其道。今若因人死而無知，便完全改變了一向對他敬事之心，這不就是姦人之道和倍叛之心麼。所以荀子要事死如事生，事亡如事存，並不是相信人死以後依然有知，只是貫徹我們對死者的態度，使我們能忠信不渝，始終如一，不使我們陷於敬其有知而慢其無知的姦人之道罷了。所以荀子說：「祭者，意志思慕之情也，忠信愛敬之至矣，禮節文貌之盛矣，苟非聖人，莫之能知也。聖人明知之，士君子安行之，官人以爲守，百姓以成俗。其在君子以爲人道也，其在百姓以爲鬼事也。」（禮論）祭祀之事，完全是爲了生者自盡其忠信愛敬之道，意志思慕之情，這是人道而不是鬼事，這在君子和聖人，都是知道得很明白的。所以禮記也說：「祭祀之禮，主人自盡焉爾」。

荀子既認人死後是無知的，故他所說的神，多指不見其事而見其功的精神境界。如云：「形則神，神則能化矣。」（不苟）又云：「心者，形之君也，而神明之主也。……酒亂其神也。」（解蔽）又云：「誠信如神。」（致士）凡此都不是指存在於另外一個世界的神。而是指一種盡善至治的精神境界。故儒效篇云：「盡善挾治之謂神。」而王制篇所謂「大神」，竟是大治的意思。至於荀子所謂鬼，亦以爲由於觀物有疑，中心不定所致。如解蔽篇云：「夏首之南有人焉，曰涓蜀梁。其爲人也，愚而善畏。明月而宵行，俯見其影，以爲伏鬼也；卬視其髮，以爲立魅也。背而走，比至其家，失氣而死。豈不哀哉！凡人之有鬼也，必以其感忽之間，疑玄之時正之。此人之所以無有而有無之時也。」故人心若能沈濁在下，清明在上，則這些鬼魅，都將失其存在。

唐師君毅在中國哲學原論原心上謂：了解中國先哲之思想，首須着重其言心之思想。並特別指出墨子和荀子的思想，其核心在於言心的理論而不在天志、性惡等理論。前論墨子的天、人思想時，已由墨子之心爲一理智心之啟示，對墨子的天道思想有所評論，今再就荀子言心之理論，說明其人道思想如下。

孟子言性善，荀子言性惡，這是孟荀最顯而易見的不同。但我們在論及孟子的人性論時，曾指出孟子是就心言性的。所謂性善，實卽心善。因爲從性上說，耳目口鼻之欲都是性，那不一定是善的。只有那爲仁義禮智之根的心，才是善的。而荀子的性惡論，亦不是籠統地說心和耳目口鼻之欲都是惡的，只說縱任那些耳目口鼻之欲才惡。至於那個虛壹而靜的心，解蔽篇說它是形之君、神明之主，出令而無所受令，而且能夠自禁、自使、自奪、自行、自止的。這樣的一個心，是之則受，非之則辭，是是非非之間，別人絕對不能加以刧持。因此，我們不但不能說它是惡的，而且實在可以說它是善的。因爲聖王所以能制禮義而起法度，卽憑此心之計慮權衡。荀子云：「況乎先王之道，仁義之統，詩書禮樂之分乎？彼固天下之大慮也，將爲天下生民之屬長慮顧後而保萬世也。」（榮辱）可見荀子的心，實爲先王之道，仁義之統，詩書禮樂之分所從出。他和孟子的不同，主要是孟子的心偏於仁性，能直接作出道德判斷和價值判斷。而荀子的心則偏於智性，不能直接作出道德判斷或價值判斷，必須從兩件事物以上的秉權孰計中才能定其欲惡取舍。仁心是直發的，其價值不從權衡比較中來。實則在秉權孰計之先，亦必須要對個別的事物有價值的判斷，否則亦無從比較。荀子的價值主體始終透不出來，因而只重視聖王的禮義法度而忽略了作爲價值之源的仁心，這便成爲荀子思想最可議之處。

然而，無論如何，荀子在孟子淨化了仁心以後，進一步澄清了我們的智心，使我們不但能從仁心去認識生生不已、至誠無息的天道，更能從智心去認識有統有類，有條有理的天道，使我們的心同時具有發強剛毅和文理密察的德性，這是中國文化極重大的成就。

荀子的心雖然是出令而無所受令的神明之主，但到底是智性的。智性心的作用主要是知道。知道的心是虛壹而靜的心。不以所已藏害所將受叫做虛，不以此一害彼一叫做壹，不以夢劇亂知叫做靜。所以虛壹而靜的心，就是清明在上，沈濁在下，使對象釐然有別，不相混淆的心。在這種心照察之下，萬物歷然，毫無隱晦。所以荀子說：「虛壹而靜謂之大清明。萬物莫形而不見，莫見而不論，莫論而失位。坐於室而見四海，處於今而論久遠，疏觀萬物而知其情，參稽治亂而通其度，經緯天地而材官萬物，制割大理而宇宙裏矣。恢恢廣廣，孰知其極！睪睪廣廣，孰知其德！涫涫紛紛，孰知其形！明參日月，大滿八極，夫是之謂大人。夫惡有蔽矣哉！」荀子至此，已明白宣稱萬物完全成了我們知識的對象。人心之知，不但能疏觀萬物，參稽治亂，經緯天地，制割大理，而且明參日月，大滿八極，眞是恢恢廣廣，孰知其德了。荀子這種特有的「大人」境界，足以表示荀子天人思想的特有成就。中國人從原始的無明中，經過千廻百轉，首先用仁心之光照明了我們的內心世界，如今又用智心之光來照明我們的外在世界，使中國文化徹內徹外，一體通明，到達了荀子所謂「夫惡有蔽矣哉」的境界，這實在是值得珍重的。

荀子的心，既然是個清明鑑物的心，其所作的價值判斷與道德判斷，主要由於計慮權衡。但從計慮權衡所生的判斷，其可靠性完全決定於所計慮的能否周全。如果我們只見這一件事物的可利一面，而不見這一事物的可害一面，只考慮這一件有關的事物，而不考慮那一件有關的事物，我們都容易陷於錯誤。因此，荀子開宗明義便要勸學，而且要學至於全盡而後止。只有在我們計慮周全以後所作的判斷，才會免於錯誤。這種重視客觀知識的精神，和孟子不同。孟子重思過於重學。他說：「思則得之，不思則不得也。」凡事只要反求其本心，則本心之良知，便能作主，不必根據全盡的知識。但荀子卻批評他「幽隱而無說，閉約而無解。」（非十二子）因爲荀子認爲「離道而內自擇，則不知禍福之所託。」（正名）今孟子只要我們求其放心，歸而求之，這便無異離道而內自擇。孟子要通過道德實踐來知天，荀子是通過全盡知識來知天，這是孟荀在人道上的主要差別。

在討論完荀子一般的天人思想以後，我們再來看看荀子所講的命是甚麼意思。荀子正名篇說：「節遇之謂命」。所謂節遇，猶云際遇，一個人的際遇祇是在現實生活中的一些偶然遭遇，這並不是由天所命定的。梁啟超注云：「節遇猶云偶遇。」因此荀子的命，可以沒有超越的意味。宥坐篇云：「夫賢不肖者，材也。爲不爲者，人也。遇不遇者，時也。死生者，命也。」這裏所謂「死生者命也」，似乎可以和論語「死生有命」一起，解作死生是由天所決定的。但按照荀子對命所下的定義，我們把它解作死生是一種偶然的際遇，也未嘗不可。榮辱篇云：「自知者不怨人，知命者不怨天。怨人者窮，怨天者無志。」這裏所謂不怨天，和孟、莊不同。孟子的不怨天，是由於他率性俟命，一切求其在我，而不求其在外。既然求之在外、不可必得的他都不求，凡有所求，都是求其在我、求則得之的，所以便不怨天。莊子的不怨天是由於他以天地萬物爲一氣之化，來者時也，去者順也，人一切只有安時處順，故亦不怨天。今荀子的不怨天，首先由於天根本不是一個怨慕的對象，其次是由於我們的命只是一些偶然的際遇，根本不是由一有意志的天所決定的，所以我們只能反求諸己，而不能怨天尤人。故曰：「怨人者窮，怨天者無志。」在荀子的天道觀來看，「天行有常，不爲堯存，不爲桀亡。應之以治則吉，應之以亂則凶。彊本而節用，則天不能貧，養備而動時，則天不能病，修道而不貳，則天不能禍。故水旱不能使之飢，寒暑不能使之疾，祆怪不能使之凶。」（天論）一切都事在人爲；即有天命，我們亦可制而用之。所以在荀子的系統裏，是不容許有宿命論的存在的。雖然由於決定我們的際遇的因素很複雜，一時不能完全操之在我，這便使我們的際遇成爲偶然。但這只是現實上的困難，而不是原則上不可能。一般宿命論者把現實的困難，說成原則上的不可能，這是荀子不許可的。這種具有高度積極性的人道觀，就是荀子思想的偉大貢獻。先秦天、人思想的發展，當以講盛德大業的易傳爲最後的綜合，惟就我們已論及的而言，已可見先秦大、人思想開展的大勢了。

論莊子之無為與老子之為無為

一 前言

自漢以來，老莊同列道家，人多以老莊思想相提並論。然司馬談六家要旨中所稱之道家，因陰陽之大順，合儒墨之善，撮名法之要，顯爲後起之學派。莊子天下篇不獨無道家之名，且將老聃莊周，分屬於不同之學派，而各有其學術淵源。可見老莊思想，本不應混爲一談。

據天下篇所述，莊子之宇宙觀，芴漠無形，變化無常，以天地爲一氣之化，以死生爲一條，以存亡爲一體，因而消融天地之對待，人我之對待，恢恑譎怪，道通爲一；對一切均無所別擇，無所取捨，而有「芒乎何之，忽乎何適，萬物畢羅，莫足以歸」之感。其唯一之理想，乃安時處順，乘化遊心，而獨與天地精神相往來。關尹、老聃則不然。彼等於道通爲一之宇宙中，恒一分為二，將芸芸萬物恒分解成「有」、「無」對待之兩面。在雄與雌、白與辱、先與後、實與虛之對待中，雄、白、先、實，即謂之「有」，有之以為利，此乃人皆知所追求之目標；而雌、辱、後、虛，即謂之「無」，無之以為用，此為老子特有之持守之術，亦即是無為之道。蓋天道如張弓，高者抑之，低者舉之，有餘者損之，不足者補之，故老子教人知其雄，守其雌；知其白，守其辱；人皆取先，己獨取後；人皆取實，己獨取虛。於宇宙對待之兩面中，總是教人清虛以自守，卑弱以自持，以深為根，以約為紀，以本為精，以物為粗，以有積為不足。可見老子於深淺、博約、本末、精粗、雄雌、白辱、先後、實虛之中，自知何者為「有」，何者為「無」，何者可以之為利，何者可以之為用，因而有所去取，有所持守。而莊子於死生、存亡、窮達、貧富、賢與不肖、毀譽、饑渴、寒暑等事之變、命之行，則不加分別，無所去取，以期參萬歲而一成純，使不致滑亂吾人靈府之和豫，則能事畢矣。故莊子之理想，為乘化遊心，獨與天地精神相往來。而老子之理想，則為秉要執本，澹然獨與神明居。其一為乘化而遊，其一為執本以用，此老莊之大較也。

朱子云：「莊周是個大秀才，他都理會得，只是不做。」又云：「老子之術，須自家佔得十分穩便，方肯做。才有一毫於己不便，便不肯做。」（朱子語類諸子類卷之七）可見莊老之異，不獨自天下篇發其端，且歷來論者不絕。本篇之作，即欲承天下篇之意，以莊子屬無為，以老子屬為無為，以明莊老之異。惟莊老二書，自來注疏不絕，在紛紜眾說之中，有似之而非者，有喧賓奪主者，陳陳相因，致使注者之思想行，而作者之精神失。故在論述之際，每假重要注疏，反復辨論，以期各還其本來面目焉。至於老莊成書之先後問題，自來爭論不休，今據錢師賓四考證，定莊子成書於老子五千言之前，故先莊子而次老子，幸讀者鑑之。

二　莊子之無爲

莊子思想，汪洋俶詭，自來注者不下百數十家，其中以郭象注對莊子思想詮釋至多，影響亦至大。唐成玄英推爲深得莊子意。然郭注實多清言，僅藉莊書發揮己見。故本章論述莊子之思想，對郭注多所辨析，務使各還其本來面目焉。

莊子一書，共分內外雜三篇，內篇廓大深微，乃莊子宗趣所在也。外雜諸篇，多爲學莊者所作。唯其中有可與內篇相發明者。今論莊子思想之無爲，專據內篇爲說。外雜諸篇，其可與內篇相發明者，亦取資佐證。其與內篇顯然不同者，則於章末附論，以資比較。

茲就莊子內七篇之次序，逐篇分論，以明莊子之思想如次：

莊子首篇逍遙遊，乃莊子理想境界所在也。莊子之理想，在乎無爲，不肯以物爲事。故逍遙遊篇形容神人之狀曰：

藐姑射之山，有神人居焉，肌膚若冰雪，淖約若處子，不食五穀，吸風飲露，乘雲氣，御飛龍，而遊乎四海之外……之人也，之德也，將旁礡萬物以爲一，世蘄乎亂，孰弊弊焉以天下爲事。之人也，物莫之傷，大浸稽天而不溺，大旱金石流土山焦而不熱，是其塵垢粃糠，將猶陶鑄堯舜者也，孰肯以物爲事。

莊子理想之神人，居於藐姑射之山，肌膚若冰雪，淖約若處子，不食五穀，吸風飲露，皆所以明其去塵俗之遠，故曰孰弊弊焉以天下爲事，孰肯以物爲事。莊子之不肯以物爲事，目的在乘雲氣，御飛龍，而遊乎四海之外。此莊子逍遙遊之理想也。然郭象注云：

此皆寄言耳。夫神人卽今之所謂聖人也。夫聖人，雖在廟堂之上，然其心無異於山林之中，世豈識之哉？徒見其戴黃屋，佩玉璽，便謂足以纓紱其心矣，見其歷山川，同民事，便謂足以憔悴其神矣，豈知至至者之不虧哉。

莊子自謂寓言十九，此處所述之神人，亦寓言爾。今郭象變莊子之神人爲彼之所謂聖人，乃謂其戴黃屋，佩玉璽，歷山川，同民事，未嘗與眾離異，特其身雖在廟堂之上，其心無異於山林之中。此與王弼所謂聖人應物而無累於物，程明道謂聖人情順萬物而無情之說同，然終與莊子不以物爲事之意異。此不可不察者一也。郭注又云：

夫聖人之心，極兩儀之至會，窮萬物之妙數，故能體化合變，無往不可，旁礡萬物，無物不然。世以亂故求我，我無心也，我苟無心，亦何爲不應世哉？然則體玄而極妙者，其所以會通萬物之性，而陶鑄天下之化，以成堯舜之名者，常以不爲爲之耳，孰弊弊焉勞神苦思，以事爲事然後能乎？

郭象此處謂聖人體化合變，無往不可，認無爲乃無心玄應，以不爲爲之，皆似是而非之說也。蓋莊子逍遙遊之理想，在乘天地之大化，故篇首鯤鵬之喩，卽以明天地之化，萬物之一體，使人從小大之辯中破出，從彼我之見中解放，確見乎小大之相通，彼我之不異，而與化爲人，與化同遊者也。逍遙遊篇云：

北冥有魚，其名爲鯤，鯤之大，不知其幾千里也；化而爲鳥，其名爲鵬，鵬之背，不知其幾千里也。

羅勉道據爾雅釋鯤爲魚子，楊愼謂「莊子以至小爲至大」。今姑勿論鯤是否爲魚子，鯤之化而爲鵬，是否喩至小化至大，然其用以喩天地之大化，則斷無可疑。郭象不明莊子眞意，乃作爲性分之說，區區於小大之辯，斤斤於性分之適，謂斥鴳學鳩之屬，其體雖小，苟足於其性，則與大鵬之逍遙無異。乃認莊子逍遙遊之理想，卽歸極於性分之適，而於莊子託鯤鵬所寓之化道，則全無所悟，此實郭注之失也。今所以謂郭象以無往不可，無心玄應解莊子之乘化爲似是而非者，非謂莊子不乘物也，特謂其不以一物之性分，硜硜自守，爲至足耳。故大宗師云：

浸假而化予之左臂以爲雞，予因以求時夜，浸假而化予之右臂以爲彈，予因以求鴞炙，浸假而化予之尻以爲輪，以神爲馬，予因而乘之，豈更駕哉？

浸假化莊子之左臂以爲雞，卽因以求時夜；化右臂以爲彈，卽因以求鴞炙；化尻以爲輪，化神以爲馬，卽因而乘之。是莊子亦未嘗不以所化爲樂，特不陷於所化之中耳。蓋莊子之逍遙遊，遊於天地之大化者也。然大化不可遊，必假所化以遊之。所化雖小大不同，苟不囿於所化，而只著眼於大化，則雖遊於蜩蟲之中，亦無異遊於天地之一氣矣。故莊子之遊，實有一超越於所化之上之精神意境。郭象不識此意境，又囿於所化之中，不明乎大鵬與蜩蟲皆一氣之化，乃不得不斤斤於性分之適，求合莊子無往不可之意。然莊子所謂無往不可，乃就此一超越之精神意境言，謂此一超越之精神意境，無論落於何處，皆可逍遙耳。今郭象不明所遇者皆一氣之化，徒言性分之適，乃謂無往不可，只是自足於其性，使莊子與化同遊之精神境界，陷而爲化中之一物，且以性分之適爲逍遙之極致，失之遠矣。此不可不察者二也。

由上可知，莊子之逍遙遊，自有其理想之境界。所謂無往不可，只就遊於萬化而言，非謂囿於化中之一物，猶自謂無往而不可也。若以各適其性，各安其命爲無往而不可，則必至謂堯亦可，桀亦可，遊亦可，不遊亦可。此豈莊子之意哉？莊子之理想人物爲神人，是爲神人則可，爲衆人則不可也。故莊子之無爲，直是不爲，非爲亦可，不爲亦可明矣。郭象含糊其言，先謂之曰無往不可，繼則曰無所不爲，而注「孰弊弊焉以天下爲事」曰：「常以不爲爲之，孰弊弊焉勞神苦思，以事爲事然後能乎。」此固可怪，然不可不察者三也。

由是觀之，莊子言神人之所居、所遊、所不爲者，皆爲郭象所曲解。玆欲確證莊子之無爲，實卽不爲，而非「以不爲爲之」，故再論之如下。莊子曰：

堯讓天下於許由曰：「日月出矣，而爝火不熄，其於光也，不亦難乎？時雨降矣，而猶浸灌，其於澤也，不亦勞乎？夫子立而天下治，而我猶尸之，吾自視缺然，請致天下。」許由曰：「子治天下，天下既已治也，而我猶代子，吾將爲名乎？名者，實之賓也，吾將爲賓乎？鷦鷯巢於深林，不過一枝，偃鼠飲河，不過滿腹。歸休乎君！予無所用天下爲，庖人雖不治庖，尸祝不越樽俎而代之矣。」（逍遙遊）

此亦莊子不肯以天下爲事之言也。其意顯認許由之德，高於帝堯，故比許由爲日月時雨，而堯則自比如爝火浸灌。所以然者，蓋因許由不受天下之讓也。而郭注則曰：

夫能令天下治，不治天下者也。故堯以不治治之，非治之而治者也。今許由方明既治，則無所代之，而治實由堯，故有子治之言，宜忘言以尋其況。而或者遂云，治之而治者，堯也，不治而堯得以治者，許由也。斯失之遠矣。夫治之由乎不治，爲之出乎無爲也，取於堯而足，豈借之許由哉。若謂拱默乎山林之中，而後得稱無爲者，此莊老之談，所以見棄於當塗，當塗者，必於有爲之域而不反者，斯由之也。

郭注謂許由所以不受天下之讓，由於天下已由堯而治，非許由以拱默乎山林爲志，不肯以天下爲事也。故又責或者之言，乃使莊老之談見棄於當塗，使無爲之治不可復得。此皆郭象之謬也。蓋許由不受天下之讓，由於彼之不肯以天下爲事，非因天下已治，無所代之也。郭象言不由衷，故注「庖人雖不治庖，尸祝不越樽俎而代之矣」一語則云：

庖人尸祝，各安其所司，鳥獸萬物，各足於所受，帝堯許由，各靜其所遇，此乃天下之至實也。各得其實，又何所爲乎哉？自得而已矣。堯許天地雖異，其於逍遙一也。

郭象既謂堯許各靜所遇，則許由不受堯讓，固自有其無爲之理想，非因天下已治，無所代之而然明矣。莊子既以無爲爲理想，其學固不求見用於當塗，而郭象乃以莊老將見棄於當塗而責或者之言，豈不怪哉。郭象又云：

夫自任者對物，而順物者與物無對，故堯無對於天下，而許由與稷契爲匹矣。何以言其然耶？夫與物冥者，故羣物之所不能離也，是以無心玄應，唯感之從，汎乎若不繫之舟，東西之非己也。故無行而不與百姓共者，亦無往而不爲天下之君矣。以此爲君，若天之自高，實君之德也。若獨亢然立乎高山之頂，非夫人有情於自守，守一家之偏尙，何得專此？此故俗中之一物，而爲堯之外臣耳。（注逍遙遊「吾將爲賓乎」下）

郭象所謂對物者，指有所不爲而言也。與物無對者，指無所不爲而言也。堯無對於天下，無心玄應，效羣物所不能離，故爲順物者。許由若獨亢然立乎高山之頂，拱默乎山林之中，硜硜自守，故爲自任者。郭象意在有爲，乃譽堯而非許，謂堯無往而不爲天下之君，而許由則爲俗中之一物，此眞可謂謬用其心矣。莊子原文，堯自比如爝火浸灌，而推許由爲日月時雨，苟以許由爲俗中一物，則堯何爲讓之以天下？莊子之文，豈若是乎？且許由之不以天下爲事，不以物爲事，豈卽如郭象所形容，徒獨立於高山之頂，拱默乎山林之中而已哉？神人之居於高山深林之中，乃寄言神人之超絕塵俗，不爲物累耳。捨此而外，神人自有乘物遊心，與天地精神相往來之大境界在，豈不爲俗務，便若槁木死灰哉。且郭象以無往而不爲天下之君爲尙，則與莊子大相逕庭矣。莊子云：

宋人資章甫而適諸越，越人斷髮文身，無所用之。堯治天下之民，平海內之政，往見四子藐姑射之山，汾水之陽，窅然喪其天下焉。（逍遙遊）

堯見四子而窅然喪其天下，猶宋人適越而喪其章甫也。越人斷髮文身，故無所用於章甫，四子不爲物累，故無所用於天下，此莊子假四子之無爲，以剜帝堯有爲之心之言也。而郭注則曰：

四子者，蓋寄言以明堯之不一於堯耳。夫堯實冥矣，其迹則堯也。自迹觀冥，外內異域，未足怪也，世徒見堯之爲堯，豈識其冥哉。故將求四子於海外，而据堯於所見，因謂與物同波者，失其所以逍遙也，而未知至遠之所順者更近，至高之所會者反下也。若乃厲然以獨高爲至，而不夷乎俗，斯山谷之士，非無待者也，奚足以語至極，而遊無窮哉！

莊子原文，謂堯治天下之民，平海內之政，則堯固方內有爲之士也。其往見之四子，則在藐姑射之山，汾水之陽，此明其皆方外無爲之士也。今郭注謂四子乃寄言堯之不一於堯，使方內之有爲，與方外之無爲，皆玄同於堯之一身，而以能與物同波者爲極致，此皆推極玄同之說，非莊子之意也。苟以四子之德，同具於堯之一身，則莊子謂堯往見四子，豈非甚屬無謂？莊子遊心於塵垢之外，搖蕩於恣睢轉徙之塗，孰肯以物爲事？故堯以有天下之尊，往見四子，而窅然喪其天下矣。莊子於本篇之末，又託惠子因大樹之擁腫不中繩墨、卷曲不中規矩而患其無用之言，再明逍遙無爲之旨曰：

> 今子有大樹，患其無用，何不樹之無何有之鄉，廣漠之野，彷徨乎無爲其側，逍遙乎寢臥其下，不夭斤斧，物無害者，無所可用，安所困苦哉？

「無何有之鄉，廣漠之野」，乃莊子託言其超絕塵俗之理想境也，豈如郭象夷乎世俗，與物同波之謂哉！「彷徨乎無爲其側，逍遙乎寢臥其下」，乃莊子不爲之大旨也，又豈如郭象玄應無心，以不爲爲之之謂哉？支遁云：「夫逍遙者，明至人之心也……若夫有欲，當其所足，足於所足，快然有似天眞，猶饑者一飽，渴者一盈，豈忘烝嘗于糗糧，絕觴爵于醪醴哉？」郭象以性分之適注逍遙遊，其快然有似天眞，亦猶饑者一飽，渴者一盈而已矣，去莊子之理想，豈不云遠？

莊子無爲之理想，雖屬不爲，然人生天地之間，終有不可逃之事。不可逃之事而不知其不可逃，是不智也，知其不可逃而逃之，則以私意爲之矣。故莊子之無爲，於不爲之外，又有所謂安命者。

莊子之所謂安命，知其不可奈何而安之也。故曰：

> 知其不可奈何而安之若命，德之至也。（人間世）

養生主又云：

公文軒見右師而驚曰，是何人也？惡乎介也？天與？其人與？曰：天也，非人也。天之生是使獨也，人之貌有與也，以是知其天也，非人也。

嚴復注云：「分明是人，乃說是天，言養生之安無奈何之命也。」莊子又云：

子輿與子桑友，而霖雨十日，子輿曰，子桑殆病矣。裹飯而往食之。至子桑之門，則若歌若哭，鼓琴。曰，父邪？母邪？天乎？人乎？有不任其聲而趣舉其詩焉。子輿入，曰，子之歌詩，何故若是？曰：吾思乎使我至此極者而弗得也，父母豈欲吾貧哉？天無私覆，地無私載，天地豈私貧我哉？求其爲之者而不得也，然而至此極者，命也夫。（大宗師）

此皆莊子安命之言也。既安之若命，則亦無可爲者矣。此莊子之無爲也。

以上就莊子之逍遙與安命，指出莊子之無爲，然其由無爲以達逍遙之理想，亦非不爲而已。蓋逍遙遊者，莊子之理想境也。凡理想必有所以致之之工夫，若謂一切聽任自然，則此所謂理想，亦不成其爲理想矣。郭象一切諉諸自然，以自然爲至足，故不須工夫，然亦無理想可言。彼用以解逍遙遊之性分之適，亦曰「各借其一方，未有足以相傾者」而已，此卽無所謂理想也。

錢師云：

莊子在人生消極處，不得已處，常有此一種說法。然把消極處不得已處，一切委付於天命，正要人在理想可能處積極處下工夫，若一切委付於自然，只要存在，都是合理的，而且不可逃，如是則有自然，無人生，有遭遇，無理想，有放任，無工夫，決非莊子本意。莊子內七篇，如逍遙遊、齊物論、養生主、德充符、人間世、大宗師、應帝王，都知有一番細密工夫，又求能到達一種理想境界，並非純任自然，何嘗如郭象心中所想，一切付之自然而卽當。（中國思想史廿三節）

錢師評郭注有自然而無人生，有遭遇而無理想，有放任而無工夫，可謂一針見血。此不但可矯郭注之謬，亦最可見莊子之眞。

莊子，衰世之書也，故彼欲解決之問題，非曰天下國家，特個人之人生問題耳。其所嚮往之人生理想，「與造物者爲人，而遊乎天地之一氣」（大宗師）是也。惟人生天地之間，其精神理想固可與造物者爲人，而遊乎天地之一氣，然終有無可逃者在。苟對人情世故毫無理會，至論是非則若辯者以堅白之昧終，養生主則若族庖之折大軱，處人間則若螳螂之怒臂當車，與乎形壞而不知貴德，物化而不能守宗，應帝王則爲人所相，則幾何不若虎豹之來田，猨狙之來藉耶？又況得爲逍遙之遊乎？今郭象將莊子之眞無爲處，解作無所不可，無心玄應，將莊子之着工夫處，則以自然自爾，任性自爲說之，皆全乖莊旨。茲就齊物論、養生主、人間世、德充符、大宗師、應帝王諸篇，依次分論莊子致逍遙無爲之工夫如下：

齊物論篇名，自王安石以下，多以物論連讀。朱桂曜曰：「物論猶物議也」。是此篇之作，乃欲齊物議之是非。蓋戰國之世，百家蠭起，各執一說，爭辯不已。莊子有慨乎辯者之爭贏鬪勝，勞神苦思，乃欲息是非之爭，止彼我之辯，使無傷其形，無勞其精，而遊心乎未始有物之先，未始有極之化。故曰：

大知閑閑，小知閒閒。大言炎炎，小言詹詹。其寐也魂交，其覺也形開。與接爲構，日以心鬪。縵者、窖者、密者。小恐惴惴，大恐縵縵。其發若機括，其司是非之謂也。其留如詛盟，其守勝之謂也。其殺如秋冬，以言其日消也。其溺之所爲之不可使復之也。其厭也如緘，以言其老洫也。近死之心，莫使復陽也。（齊物論）

此莊子有憫乎辯者之言也。「閑」字當讀如易經「閑有家」之閑，乃防衞之意。孟子滕文公下亦云：「閑先王之道」。朱注云：閑，衞也。「炎」字亦當解如詩經「赫赫炎炎」之炎，勢盛之貌也。故大知閑閑，乃形容辯者防衞森嚴，小知閒閒，乃形容辯者伺隙而進。大言炎炎，言其勢盛也，小言詹詹，言其細碎也。此猶小恐惴惴，大恐縵縵，皆辯者勞心傷神而至於老洫衰殺之形容，亦物論不齊之害也。故欲免於辯者之勞心傷神，而逍遙乎無爲之鄉，必先排遣是非，使同於大通而後可。然郭象注齊物論篇目云：

夫自是而非彼，美己而惡人，物莫不皆然然，故是非雖異而彼我均也。

可見郭注齊物論，仍只著眼於對立之個體，專就莊子「是亦彼也，彼亦是也，彼亦一是非，此亦一是非」爲說，認物各性然，不能相正，只能各然其所然，各可其所可。如是乃謂莊子之齊物論，不外玄同是非，泯滅彼我，於地籟以外，別無天籟，於成心以外，別無眞宰。今按郭象之遣是非，非眞能遣是非者也。蓋郭象本無一更高之理想，故對物之各然其所然，各可其所可，是非紛紜，亦莫衷一是。不得已，乃以物各性然，不能相正爲辭，任物之各是其是，各非其非。此猶各因其竅穴，各師其成心而已，實非莊子所以齊是非之意也。莊子之齊是非，乃於紛歧對立之是非之上，確乎有見於是非之本無，與彼我之相通者。故篇首始言天籟，繼明眞宰。此皆莊子之精神境界所在也。

齊物論篇首載南郭子綦謂子游曰，汝聞人籟而未聞地籟，汝聞地籟而未聞天籟乎？子游問其方。子綦卽對以因大塊噫氣而怒號之萬竅。子游曰，地籟則眾竅是已，人籟則比竹是已，敢問天籟。子綦乃曰，夫吹萬不同，而使其自己也，咸其自取，怒者其誰邪。此莊子分述地籟天籟之言也。而郭象注云：

夫天籟者，豈復別有一物哉，卽眾竅比竹之屬，接乎有生之類，會而共成一天矣。無旣無耳，則不能生有，有之未生，又不能爲生，然則生生者誰哉？塊然自生耳……故天者，萬物之總名也，莫適爲天，誰主役物乎？故物各自生而無所出焉，此天道也。

今按諸文理，子綦所云人籟、地籟、天籟之說，實各有其義。子游聞人籟而未聞地籟與天籟，問其方於子綦，子綦先曉之以地籟之說，卽由似鼻、似口、似耳、似枅、似圈、似臼、似洼、似汚之竅穴，因大塊噫氣而生之激者、謞者、叱者、吸者、叫者、譹者、宎者、咬者之聲是也。子游旣明地籟，乃曰：「地籟則眾竅是已，人籟則比竹是已，敢問天籟？」故以下子綦所答：「夫吹萬不同，而使其自己也，咸其自取，怒者其誰邪」諸語，卽爲天籟之旨。此皆直敍之詞，不宜曲與生說。蓋眾竅因風而號，風止則虛，必有怒之者而後眾竅皆鳴，成其地籟。故地籟必待怒者而生，猶鵬必待六月息而後可以圖南也。然則怒者其誰邪？曰，天地之造化、大塊之噫氣是已。然則何謂天籟？曰，此一天地造化、大塊之噫氣所成之聲，卽所謂天籟也。朱桂曜曰：「天籟乃無聲之聲。」此必喪我者然後聞見，故語焉不詳。郭注只欲成其自生之說，乃謂地籟卽天籟，謂天者萬物之總名，使後之治莊者，沿襲其義，至謂「子綦所言，畢是天籟，子游不悟，所謂見指不見月。」此皆郭注之過也。

籟有天籟與地籟之別，心亦有眞宰與成心之分。夫成心之有縵者密者窖者，猶地籟之有激者謞者叱者。激者謞者叱者乃眾竅所自取，而縵者密者窖者亦成心所自取者也。郭象既認地籟之外，別無天籟，復認成心以外，別無眞宰。故注「若有眞宰，而特不得其朕」云：

> 萬物萬情，趣舍不同，有若眞宰使之然也。起索眞宰之朕迹而終不得，則明物皆自然，無使物然也。

郭象以物各性然，無使物然而去眞宰，決非莊子意。莊子於小知大知、小恐大恐、縵者窖者、喜怒哀樂、慮態變慹、姚佚啟態之心態外，決然另有一不與物相刃相靡之眞宰眞君存焉。故曰：

> 若有眞宰，而特不得其朕，可行已信，而不見其形，有情而無形。百骸九竅六藏，賅而

存焉，吾誰與爲親，汝皆說之乎？其有私焉。如是皆有爲臣妾乎？其臣妾不足以相治乎？其遞相爲君臣乎？其有眞君存焉。如求得其情與不得，無益損乎其眞。

眞宰之眹雖惟恍惟惚，無迹可尋，然可行已信，其情甚眞。苟無眞宰，則百骸九竅六藏，豈可皆爲聽命之臣妾？若皆爲臣妾，臣妾足以相治乎？如臣妾不足以相治，則遞相爲君臣以相治乎？抑另有眞君爲之宰？莊子之意，固謂有眞君存焉矣，特人有求得其情者，亦有求不得其情者。然求得其情與不得，無益損乎其眞。惟人因不得其情，而至其形化，其心與之然，則可哀矣。故曰：

一受其成形，不亡以待盡，與物相刃相靡，其行盡如馳而莫之能止，不亦悲乎……其形化，其心與之然，可不謂大哀乎？人之生也，固若是芒乎？其我獨芒，而人亦有不芒者乎？

此莊子憫吾人失其眞宰之言也。故有「不亦悲乎」、「可不謂大哀邪」、「固若是芒乎」之嘆。而郭注則曰：

羣品云云，逆順相交，各信其偏見，而恣其所行，莫能自反，此比眾人之所悲者，亦可悲矣。而眾人未嘗以此爲悲者，性然故也。物各性然，又何物足悲哉？

又曰：

心形並馳，困而不反，比於凡人所哀，則此眞哀之大者也，然凡人未嘗以此爲哀，則凡所哀者，不足哀也。

郭象以物各性然爲辭，乃謂各信其偏見者均不足哀，更進而去眞宰而直師其成心。莊子云：

> 夫隨其成心而師之，誰獨且無師乎，奚必知代，而心自取者有之，愚者與有焉。未成乎心而有是非，是今日適越而昔至也。

此莊子欲人由破成心而遣是非之言也。而郭注則云：

> 人自師其成心，則人各自有師矣。人各自有師，故付之而自當……故愚者亦師其成心……明夫是非者，羣品之所不能無，故至人兩順之。

郭象由莊子之破成心而遣是非，曲解爲師成心而順是非，此其過也。由此可知莊子齊物議之是非，決非如郭象所言，而必另有所以達「以明」、「兩行」之境界者。

然則莊子何由得於紛歧對立之是非之上，確乎有見於是非之本無，彼我之相通耶？曰，知化而已矣。蓋是非生於成心，成心者，不知代不知化之心也。心不知代不知化，域情滯境，妄分畛域，是非乃生。苟知代知化，以天地爲大爐，以造化爲大冶，則恢恑憰怪，道通爲一矣。知北遊曰：

> 生也死之徒，死也生之始，孰知其紀。人之生，氣之聚也。聚則爲生，散則爲死。若死生爲徒，吾又何患，故萬物一也。是其所美者爲神奇，其所惡者爲臭腐，臭腐復化爲神奇，神奇復化爲臭腐。故曰，通天下一氣也。聖人故貴一。

知乎通天下乃一氣之化，則是非彼我之見，卽可蕩然無存。惟郭象不明此旨，於性分之適外，又作爲自生獨化之說，於天地之大爐，造化之大冶中，執一遇以爲我之性分，於是妄分畛域，以言自生獨化。彼注齊物論篇末罔兩問景一節云：

天機自爾，坐起無待。無待而獨得者，孰知其故而責其所以哉。若責其所待而尋其所由，則尋責無極，而至於無待而獨化之理明矣……世或謂罔兩待景，景待形，形待造物者。請問夫造物者有耶？無耶？無也則胡能造物哉？有也則不足以物衆形。故明衆形之自物而後始可與言造物耳。是以涉有物之域，雖復罔兩，未有不獨化於玄冥者也。

郭象去造物而言獨化，決非莊子意。大宗師載子來有病，子犁往問之曰：「偉哉造化，又將奚以汝爲？將奚以汝適？以汝爲鼠肝乎？以汝爲虫臂乎？」子來曰：「父母於子，東西南北，唯命之從。陰陽於人，不翅於父母，近彼吾死，而我不聽，我則悍矣，彼何罪焉。夫大塊載我以形，勞我以生，佚我以老，息我以死，故善吾生者，乃所以善吾死也。今大冶鑄金，金踊躍曰，我且必爲鏌鋣，大冶必以爲不祥之金。今一犯人之形，而曰人耳人耳，夫造化者必以爲不祥之人。今一以天地爲大爐，以造化爲大冶，惡乎往而不可哉。」莊子於此，明言陰陽於人，不翅父母，東南西北，唯命之從。又曰大冶鑄金，造化者犯人，烏有所謂「衆形自物」與乎「獨化於玄冥」哉。卽就齊物論罔兩問景一節言，亦明謂景之行止，有待而然。證諸寓言篇，則景待形，形待造物者之意更明。寓言篇云：

罔兩問於景曰，若向也俯而今也仰，向也括而今也披髮，向也坐而今也起，向也行而今也止，何也？景曰，搜搜也，奚稍問也。予有而不知其所以。予蜩甲也，蛇蛻也，似之而非也。火與日，吾屯也，陰與夜，吾代也。彼，吾所以有待邪，而況乎以有代者乎。彼來則我與之來，彼往則我與之往，彼強陽則我與之強陽，強陽者又何以有問乎？

此與齊物論罔兩問景一節同，故齊物論所載應與此同解。莊子於此明謂景待火日而聚，遇陰夜而謝，火日來，則景與之俱來，火日往，則景與之俱往，火日強陽，則景與之俱強陽。是景之俯仰行止，非景之自俯自仰自行自止也。然則彼所待者何耶？曰，造化而已耳。知北遊曰：「身非汝有，是天地之委形也，生非汝有，是天地之委和也，性命非汝有，是天地之委順也，孫子非汝有，是天地之委蛻也。」景待形，形待天地造化，而天地造化又神祕莫測，無容置問，故有「奚稍問也」、「何以有問乎」之語。今若明乎天地一氣，萬物一體，則芸芸羣品，捨健行不息之大化而外，實別無所謂彼我，則所謂自生獨化之說泯而是非彼我之情滅矣，此莊子所以齊物識者一也。

莊子除由知化以見是非之相通外，又有由知始以見是非之本無者。郭象注莊，多抹去其超越之理想境，而只就現實之個體着眼，上論逍遙遊一節，已可見一斑。故注齊物論，於捨天籟而言獨化，去眞宰而師成心外，又有謂莊子不求知始之謬。故今論莊子由知始以見是非之本無，則不得不稍費筆墨矣。莊子曰：

古之人，其知有所至矣。惡乎至？有以爲未始有物者，至矣盡矣，不可以加矣。其次以爲有物矣，而未始有封也。其次以爲有封焉，而未始有是非也。（齊物論）

此處論古人知之所至，在未始有物、未始有封、未始有是非之時。此皆明以知始爲知之至也。吾人之知，苟能至於物之未始有封之時，卽無所謂彼我，苟能至於言之未始有常之時，卽無所謂是非。蓋「道未始有封，言未始有常。」（齊物論）道之生彼我，蔽於小成故也，言之有是非，蔽於文辭故也。故曰：「道隱於小成，言隱於榮華，故有儒墨之是非。」（齊物論）今知始者，知道之未始有封，言未始有常，猶混沌之未開，鷇音之無意，則是非彼我之見無由而生，而已有之對立，亦可掃除淨盡矣。故在宥篇云：「覩有者，昔之君子，覩無者，天地之友。」莊子又云：

有始也者，有未始有始也者，有未始有夫未始有始也者；有有也者，有無也者，有未始有無也者，有未始有夫未始有無也者。（齊物論）

所謂未始有始、未始有夫未始有始云云，皆所以明其始也。惟始又有始，始之始又有始，故推其原曰未始有始、未始有夫未始有始而已。所謂有無、有未始有無、有未始有夫未始有無云云，皆所以明有之始爲無也。惟無之始無無，無無之始又無無無，故推其原曰未始有無、未始有夫未始有無而已。此莊子求知始之明證也。且應帝王篇有「遊於無朕」，田子方篇有「遊於物之初」之言，而大宗師更以「不忘其所始，不求其所終」爲古之眞人，則莊子之重知始，彰彰明矣。而郭象竟注云：「始終變化皆忘之」。此其謬也。

上論莊子由知始知化而遣是非，可知其確有見於是非之本無，彼我之通一者。惟知始知化，正是着工夫處，非自然自爾便可獲致。故莊子云：「惟達者知通爲一。」而知有所至者，亦但推古之人。此皆異於郭象僅以各因其是而遣是非之說。然莊子由知始知化以泯除彼我是非之見，皆所以達逍遙無爲之理想耳。其所用之工夫，亦屬行所無事，非有爲也。蓋道固有所始，物固有所化，因知始知化而同於大通，則「確乎能其事者而已矣。」（應帝王）非若辯者穿鑿用智，以求通之也。辯者不識道，勞神明以爲一，而不知其所同，方其未能一之，則以爲失，方其一之，則以爲得，失者怒之，得者喜之，名實未虧，而喜怒爲用，皆用智有爲之過也。故莊子斥之曰：

天下莫大於秋毫之末，而大山爲小；莫壽乎殤子，而彭祖爲夭；天地與我並生，萬物與我爲一。既已爲一矣，且得有言乎？既已謂之一矣，且得無言乎？一與言爲二，二與一爲三，自此以往，巧歷不能得，而況其凡乎？故自無適有，以至於三，而況自有適有乎？無適焉，因是已。（齊物論）

上引自天下莫大於秋毫之末，至萬物與我爲一，舊注多以爲莊子之言，故多以郭象性分之說解之。今按此實辯者之言也。辯者好逞口語辨說之談，謂大爲小，謂小爲大，謂壽爲夭，謂夭爲壽，以萬爲一，以一爲萬，此見諸天下篇之所云，已可見一斑矣。然辯者徒以名言辯說齊天地，一萬物，非眞能齊之一之也。故自「萬物與我爲一」以下，莊子卽評之曰：既已爲一，則應離言絕待，不得於一之上再有言說。今若於一之上，言說其爲一，則一與言便分而爲二，二與一再分而爲三，以至巧歷不能數，此皆名言之弊也。莊子則不然。莊子由知始知化以見天地萬物之齊一，乃確有齊天地，一萬物之實感在，非徒就名言論說而齊之一之也。故秋水篇所載莊子與惠施遊於濠梁之上，莊子卽感得魚之樂，而惠施只就「子」與「魚」之名言上辯說，故魚之樂終不可得。此辯者遠自然之大道，運人間之小智之囿也。故天下篇斥之云：

辯者之徒，飾人之心，易人之意，能勝人之口，不能服人之心，辯者之囿也……由天地之道，觀惠施之能，其猶一蚊一蝱之勞者也。

朱子詩云：「昨夜江邊春水生，艨艟巨艦一毛輕，向來枉費推移力，今日中流自在行。」辯者不見天地之道，而勞神明以一之，猶春水未生，故不免「向來枉費推移力」，此用智有爲之過也。然莊子之齊物論，在見天地之化，萬物之一體，故其齊物議之是非，猶昨夜江邊春水生，故能「今日中流自在行」也。是由莊子齊物論之工夫，以達泯是非、通彼我之理想，亦行其所無事而已矣。

莊子旣認天地萬物，皆一氣之化，死生存亡，皆事之變、命之行，故養生主之道，卽在安時處順，使哀樂不能入。蓋人之爲人，乃萬化之一遇，若人之形者，萬化而未始有極也。苟一範人之形，卽遁天倍情，忘其所受，而與形俱盡，則自取刑辱耳。故養生主云：

指窮於爲薪，火傳也，不知其盡也。

朱桂曜曰：「指爲脂之誤或假，脂，膏也，言脂膏有窮，而火之傳延無盡。」此用以喻人之生雖有窮，而生之主則可無盡，故能養其生主者，卽可與日月並壽。此中之工夫，在能守其宗主，卽能「審乎無假而不與物遷，命物之化而守其宗」（德充符）也。

人之由此化彼，固當順物之化。然方其爲人，亦必有所以處之之道，而後可以盡其天年而不中道夭。故於養其生主之外，又有所以養其生者。養生之道，亦非有異於養其生主，皆不外「依乎天理，因其固然」（養生主）而已。族庖月更刀，折也，良庖歲更刀，割也，庖丁之刀，十九年矣，所解數千牛矣，而刀刃猶若新發於硎者，無他焉，能依乎天理，因其固然而已矣。此養生主之大意也。

莊子之養生，雖可盡其天年，其養生主，亦可與日月同壽，然亦非求益生，僅求全其天之所以與我者耳。苟天年已盡，卽任造化之所命，無論爲鼠肝蟲臂，皆安之樂之。此實近乎孟子之修身以俟命，特孟子之俟命，限於人生範圍，而莊子則幻想人於盡其天年以後，後可與化同遊。故孟子之理想爲道德之實踐，而莊子之理想爲藝術之逍遙，此其大較也。

上論莊子逍遙遊之理想，在超絕塵俗，而人生在世，又終不能脫離人間，則不得已而處之，亦當有所以處之之道，否則不獨遊刃無地，卽欲免於禍患，亦不可得，此人間世之所以作也。

莊子人間世之工夫，要在一虛字。蓋人與人相處，苟以有我之私相與，必不免於互相傾軋。故桀殺關龍逢，紂殺王子比干，非關龍逢與王子比干存心修己以軋其君也，而其君終惡有其美而擠之者，乃因「名也者，相軋也。」彼有我而修身以爲賢，人則以爲菑之矣。菑人者，人必反菑之。是以二人雖賢，終不免於殺身。有而爲之，其易邪！故莊子處人間世，要在能虛。其言曰：

唯道集虛。（人間世）

又云：

瞻彼闋者，虛室生白，吉祥止止。夫且不止，是之謂坐馳。夫徇耳目內通而外於心知，鬼神將來舍，而況人乎？是萬物之化也，禹舜之所紐也，伏戲几遽之所行終，而況散焉者乎？（人間世）

外物篇云：「室無空虛，則婦姑勃谿。」蓋虛則能容，能容則無不祥矣。室之虛，猶且如此，苟人能虛，則必道集之，吉祥止之，鬼神舍之，不特可以免患，且可以化物矣。吉祥之所以止於虛，在虛卽無我，故顏回答心齋之問曰：

回之未始得使，實自（奚侗曰，自係有誤）回也，得使之也，未始有回也，可謂虛乎？夫子曰，盡矣。（人間世）

人能虛己無我，卽不與物對，故雖逆於物，亦無相軋相菑之患，此所以吉祥止之也。外篇云：

聖人藏於天，故莫之能傷也。復讎者不折鏌干，雖有忮心者不怨飄瓦，是以天下平均。（達生）

又云：

> 方舟而濟於河，有虛船來觸舟，雖有惼心之人不怒；有一人在其上，則呼歙之；一呼而不聞，再呼而不聞，於是三呼邪，則必以惡聲隨之。向也不怒而今也怒，向也虛而今也實。人能虛己以游世，其孰能害之。（山木）

忮心惼心之人，猶不怒虛船，不怨飄瓦，是人苟能虛己無我，則雖處人間世，亦必莫之能傷，莫之能害，且必道集之，吉祥止之，鬼神舍之矣。苟無心齋之工夫，以達無我之境，則人間雖大，必無容身之地，行事雖少，亦必動輒得咎。故莊子本篇，屢有戒愼之言，一則曰「美成在久，惡成不及改，可不愼與。」再則曰：「戒之愼之，正女身哉。」三則曰：「意有所至，而愛有所亡，可不愼與。」此戒愼恐懼之處，卽莊子處人間之工夫所在也。莊子又云：

> 天下有大戒二，其一命也，其一義也。子之愛親，命也，不可解於心。臣之事君，義也，無適而非君也。無所逃於天地之間，是之謂大戒。是以夫事其親者，不擇地而安之，孝之至也；夫事其君者，不擇事而安之，忠之盛也。自事其心者，哀樂不易施乎前，知其不可奈何而安之若命，德之至也。爲人臣子者，固有所不得已。行事之情而忘其身，何暇至於悅生而惡死。（人間世）

莊子託孔子之言，謂父子之親、君臣之義，無可逃於天地之間，且謂事親者，應不擇地而安之，事君者，應不擇事而安之。是莊子處人間世，亦終有不得不爲之事。惟莊子於不得已而有所爲，亦曰「自事其心」、「行事之情」而已。此皆近似孟子之率性與直道。蓋父子之親，不可解於心，自事其心，卽自盡其性也。君臣之義，無所可逃，行事之實，致君之命，不求其成，無作爲報，卽直道而行也。所異者，在孟子認父子之親，君臣之義，皆爲性之欲，並無欲逃之意，而莊子則志在不爲物累，與化同遊，對父子之親、君臣之義等倫理價值，並無積極的肯定，只因其一不可解於心，其一無可逃於天地之間，爲免於負累，只好不擇地而安之，不擇事而安之，知其不可奈何而安之若命，實出於不得已，此則孟莊之異也。

莊子德充符之工夫，在使人於形骸之外，守其無假不遷之宗，以遊心乎德之和，故不務全其形，而務全其德，此德充之符也。

大宗師則要在得眞知，而所謂眞知，知化而已。故曰：

古之眞人，不知說生，不知惡死，其出不訢，其入不距，翛然而往，翛然而來而已矣。不忘其所始，不求其所終，受而喜之，忘而復之。

又云：

夫藏舟於壑，藏山於澤，謂之固矣，然而夜半有力者負之而走，昧者不知也。藏小大有宜，猶有所遯，若夫藏天下於天下，而不得所遯，是恒物之大情也。特犯人之形而猶喜之，若人之形者，萬化而未始有極也，其爲樂可勝計邪？故聖人遊於物之所不得遯而皆存。

遊於天地之大化，則物不得遯而皆存矣。此皆知化乘化之功也。

上論莊子之齊物論、養生主、人間世、德充符、大宗師，皆莊子欲達其逍遙遊理想之工夫，非於無爲逍遙以外，又有齊物論、養生主、人間世、德充符、大宗師之理想也。惟莊子既因鳥獸不可與同羣，而不得不處人間世，且既處人間，則必有義命之不可逃，是欲求遊刃人間，則必有心齋之工夫以致之，此固人間世之所以作也。君臣之義，既爲無可逃於天地之間之命，而人間世又有「無遷令，無勸成，何作爲報，莫若致命」之工夫，以爲人臣應處之道，則爲人君者，豈即無所以處之之道，以求不爲物害哉？天地之間，既不可以無君，則莊子之理想，雖不肯以天下爲事，然於君子「不得已而臨蒞天下」（在宥）之際，亦應有所以處之之道，此應帝王之所以作也。

由此可知，莊子之應帝王，決非郭象「無心而任乎自化者，應爲帝王也」之意。蓋郭象之言，以應帝王之作，在教人致帝王，認莊子一書，以爲帝王爲至高理想。此實大謬。莊子所嚮往者，乃逍遙遊之理想境界，天下之物事，皆所不爲。故其處人間、應帝王，皆出於事之所不得已，命之所無奈何。然不得不有處之之道者，亦欲遊於人間，使免於中道夭耳。齊物論、養生主、人間世、德充符、大宗師五篇，既皆爲處不同境遇中所以保身、全生、養親、盡年之道，則應帝王又豈能例外？郭象解應帝王爲致帝王、治天下之道，而不明其僅屬帝王個人所以保身、全生、養親、盡年之道，此其所以大謬也。

莊子曰：

陽子居見老聃，曰，有人於此，嚮疾強梁，學道不倦，如是者，可比明王乎？老聃曰，是於聖人也，胥易技係，勞形怵心者也。且也，虎豹之文來田，蝯狙之便來藉，如是者，可比明王乎？（應帝王）

嚮疾強梁，學道不倦者所以不可比於明王，非謂其不能治天下也，乃在其胥易技係，勞形怵心，猶虎豹猨狙之招獵縛也。招獵招縛，則不能遊，而本篇之意，正在教帝王遊，故一則曰「遊心於淡」，再則曰：「遊於無有」，三則曰「遊於無朕」，此皆可證本篇之作，非在天下之治，而在帝王之遊也。

天根請問無名人爲天下之道。無名人曰：

去！汝鄙人也，何問之不豫也。予方將與造物者爲人，厭，則又乘夫莽眇之鳥，以出六極之外，而遊無何有之鄉，以處壙埌之野，汝又何帠以治天下感予之心爲？（應帝王）

是莊子之至高理想，固不在爲天下，然不得已而應帝王，則以無爲處之耳。以無爲處之，其目的非在爲帝王，而在遊於無朕，遊於無有。故應帝王之應，絕非郭象所謂應爲帝王之意，亦非錢澄之所謂「時至則然」之意，僅爲應事之應，應付之應耳。苟莊子有應爲帝王之心，又何以有無名人之答哉。

猶有進者，郭象「無心而任乎自化者，應爲帝王也」之意，尚有一謬。蓋莊子之無爲，皆就人生而言，非就政治而言。應帝王之篇旨，亦在解決帝王個人人生問題，非欲成就帝王之政治事業。所謂自化，亦帝王個人之自化耳。今郭注多就政治而言，處處着眼於天下之治，認爲帝王之無心而任乎自化，即可致治使莊子之無爲，流爲不可索解之虛無主義。但又以無爲終不可治天下，乃謂無爲者，帝王也，而帝王個人之無爲，正所以任羣物之自爲。則所謂「自化」，乃任羣物之自爲也。故又注「無爲名尸，無爲謀府，無爲事任，無爲知主，體盡無窮，而遊無朕，盡其所以受乎天，而無見得，亦虛而已」（應帝王）一節云：

因物則物各自當其名也。使物自謀也。付物使各自任。無心則物各自主其知也。因天下之自爲，故馳萬物而無窮。任物故無迹。不虛則不能任羣實。

此等見解，縱有合於外雜篇所言，亦決非內篇宗旨。蓋莊子之無爲，乃對全人生而言。人君，人也。人臣，人也。人子，亦人也。故其道必兼及人君人臣人子等，特因各人所處之境位不同，故其所以處之之道有異耳。今郭象竟謂帝王無爲而任物自爲，豈非謂莊子之學，專爲帝王服務，而不惜以臣民作犧牲？悖之甚也。苟郭象因轉莊子之人生問題爲政治問題，轉莊子求帝王個人人生之逍遙爲求天下之平治，而慮治天下終不可無一事，則與其謂帝王無事而任物之自事，不如以「正而後行，確乎能其事者而已」（應帝王）爲帝王之事之爲當也。蓋孟子猶云枉尺不足以直尋，莊子以求一切個體之自由解放爲目的，決無以他人之自爲，作爲達致其一己。無爲之手段之理。是則郭家從政治觀點解應帝王，必無宙于莊子意。

統上所述，可見莊子之至高理想在逍遙遊，而逍遙遊之理想乃遊而不爲，特因人生終不能離此人間，而人間又有使人勞形怵心，不得盡其天年而中道夭之是非之爭、生死之變、父子之親、與君臣之義，故不得不有齊物論、養生主、人間世、德充符、大宗師、應帝王之工夫。此雖有所爲，然皆託於不得已，而終以逍遙不爲爲理想，此莊子之無爲也。

莊子外雜篇之思想，多與內篇異趣。內篇只言化，而外雜篇喜言常，此其異一也。內篇不喜言性，而外雜篇喜言性，此其異二也。內篇只言虛，而外雜篇喜言靜，此其異三也。內篇只求盡年，而外雜篇則求長生，此其異四也。內篇重心靈而主貴德，外雜篇則重生命而主貴精，此其異五也。此外可舉者尙多，皆不外無爲與爲無爲之別。然此五者，實卽一事。蓋言化則無性可言。既無性可言，故事事皆虛，而其修養，亦虛己順物而已。人既爲大化中之一遇，又以虛己順物爲德，故於已化之我，亦但求盡年，不求長生。人之身體，既爲假物所成，故重心靈而主貴德。此內篇之思想也。言常者則不然，蓋天地有常，則可以言性。有性而欲不失其常性，則須主靜，靜則不失其性矣。且天地之間，既有我性，則亦有彼性，彼非我，故必求長生以保我之性分。求長生以保其性分，則重生命而主貴精矣。此外雜篇之思想也。內篇之順化、不言性、主虛、求盡年、與重心靈而主貴德，皆屬無爲之表現。外雜篇之用常、言性、主靜、求長生、與重生命而主貴精，皆爲無爲之表現也。內篇與外雜篇之不同，要不外爲莊老之異。蓋外雜篇多受老子影響故也。

莊子外雜篇之異於內篇者，由重人生轉為重政治，是其一端。故自駢拇以下，多以天下之治亂為言。茲略舉如次：

天下有常然。（駢拇）

吾意善治天下者，不然，彼民有常性。（馬蹄）

上誠好知而無道，則天下大亂耳。（胠篋）

聞在宥天下，不聞治天下也。（在宥）

玄古之君天下也，無為也，天德而已矣。（天地）

一心定而王天下。（天道）

三皇五帝之治天下。（天運）

無功名而治。（刻意）

禮樂徧行則天下亂矣。（繕性）

可見外雜篇多以天下之治亂為心，而非以個人人生問題為慮，其無為，乃帝王治天下之術耳。故天道篇云：

夫帝王之德，以天地為宗，以道德為主，以無為為常。無為也，則用天下而有餘；有為也，則為天下用而不足。故古之人貴夫無為也。上無為也，下亦無為也，是下與上同德。下與上同德則不臣。下有為也，上亦有為也，是上與下同道。上與下同道則不主。

上必無爲而用天下，下必有爲爲天下用，此不易之道也。

莊子內篇之無爲就人生言，故凡爲人子、爲人臣者，皆可以無爲之道，以達逍遙之境。今外雜篇就政治言無爲，以無爲專屬於帝王，以有爲責付於臣下，而求遂其治天下之功，則所謂無爲，志在成其大有爲耳。故知北遊曰：「至言無言，至爲無爲。」又曰：「無爲而無不爲。」至樂篇云：「天地無爲也，而無不爲也。」皆以無爲爲手段，而以無不爲爲目的，此其同於老子之爲無爲而異於內篇之無爲者也。

三　老子之爲無爲

莊老同爲道家，同講無爲，今屬莊子於無爲，而謂老子屬爲無爲，何也？曰，莊子以無爲爲目的，而老子則以無爲爲手段故也。老子云：

曲則全，枉則直，窪則盈，敝則新。（王弼本二章）

又云：

大成若缺，大巧若拙。（四十五章）

上德若谷，大白若辱。（四十一章）

是老子所求者，皆全、直、盈、新、成、巧、德、白、之事，特其所以求之之道，爲曲、枉、窪、敝、缺、拙、谷、辱耳。此老子爲無爲之證一也。老子又云：

> 知人者智，自知者明，勝人者有力，自勝者強，知足者富，強行者有志，不失其所者久，死而不亡者壽。（三十三章）

老子雖明乎「堅強者死之徒，柔弱者生之徒，是以兵強則不勝，木強則兵，強大處下，柔弱處上。」（七十六章）故「不敢以取強。」（三十章）然老子之不敢以取強，決非取弱，彼所求取者，終爲強而非弱，特其求強之道，以守柔致之耳。故曰：「守柔曰強。」（五十二章）此老子爲無爲之證二也。老子又云：

> 知和曰常，知常曰明，益生曰祥，心使氣曰強。（五十五章）

此老子求益生之言也。而王弼注云：「生不可益，益之則夭也。心宜無有，使氣則強。」誤矣。蓋不求益生者，莊子之無爲也，求益生者，老子之有爲也。莊子曰：「常因自然而不益生。」（德充符）老子則云：「夫唯無以生爲者，是賢於貴生。」（七十五章）且老子又有所謂「深根固柢，長生久視之道也。」（五十九章）此皆老子求益生之言也。即就上節而言，老子亦明謂益生爲祥。今王弼注謂「益之則夭。」是以祥爲不祥也。然老子一書，祥與不祥二詞，截然有辨，毋須混淆。三十一章云：「夫佳兵者，不祥之器。」七十八章云：「受國之垢，是謂社稷主，受國不祥，是爲天下王。」皆可明益生曰祥之祥，非不祥之意。且常、明、強三者，皆老子之所貴，苟以祥爲不祥，則此章文義亦有突兀不通之處矣。

至王弼注「心使氣曰強」一語云：「心宜無有，使氣則強。」亦有可議者。蓋王弼謂「使氣則強」，是以強爲不祥也，此於上節，已論其非。至無心使氣之說，見於莊子人間世。其言曰：「無聽之以心，而聽之以氣。」非老子之學也。老子之學，極重心志。彼知乎人之心志，貪多無厭，易放難收，「馳騁畋獵」，亦足令「人心發狂。」（十二章）故謂聖人之治，卽在「使民心不亂……虛其心……弱其志。」（三章）然其所以自守者，則曰：「心善淵。」（八章）「我愚人之心也哉。」（二十章）「聖人無常心，以百姓心爲心。」（四十九章）此皆老子深於世故，雖以智明自持，亦不敢以己之智明攖人心，乃韜光斂迹，昏昏悶悶，示百姓以愚也。故老子「心使氣曰強」一語，與知和曰常、知常曰明、益生曰祥三語，均應作正面解。意謂以心帥氣則強，若暴其氣，則弱耳。第十章「專氣致柔」一語，王弼注云：「專，任也。」亦失之。「蓋專氣致柔，乃老子之工夫，氣固不能專，只能任，今所以能專者，心專之也。此老子所以謂心使氣曰強，亦老子爲無爲之證三也。老子又云：

功成而弗居，夫唯弗居，是以不去。（二章）

終不自爲大，故能成其大。（三十四章）

非以其無私邪，故能成其私。（七章）

老子「功成而不居」、「終不自爲大」而主「無私」，實不可不謂之無爲。然老子志不在此，繼則云：「夫惟弗居，是以不去」、「故能成其大」、「故能成其私」。可見老子之無爲，僅屬手段，而其目的，實是有爲，其極在於「取天下」。（四十八章）此皆與莊子異趣，而爲老子爲無爲之證四也。錢師在「道家的政治思想」一文中云：

> 老子心下的聖人，並不是肯退隱無爲的，並不是淡漠無私的……他所想像的那些聖人的心裏，把世俗間一切雌雄、黑白、榮辱，照樣地分辨得很清楚，而且計較得很認眞，總還是想做一雄的、白的、榮的，而只以雌的、黑的、辱的作姿態，當手段。（八）

又云：

> 莊子是玄想派，重自然，重無爲。而老子則是實際派，重功利，重權術。他把此自然搦在手裏來玩耍，僞裝一無爲，而內心實則想無不爲。（九）

錢師謂老子「不是肯隱退無爲」，其「內心實則想無不爲」，可謂切中肯要。老子思想本質之屬有爲，至是已彰彰明甚，毋庸多述。

以上雖已明老子思想之本質與行爲之目的屬有爲，然其屬諸手段之無爲，指意云何，實有探究之必要。茲就老子書中所謂無爲者，一一分論如下。老子云：

> 生而不有，爲而不恃，功成而不居。（二章）

> 不自見故明，不自恃故彰，不自伐故有功，不自矜故長。（二十二章）

生而不有，非不生也，爲而不恃，非不爲也，功成而不居，非無功也，特不自有其所生，不自恃其所爲，不自居其成功耳。是所謂不自見、不自恃、不自伐、不自矜云云，亦非不爲特畏於天道如張弓，故不敢自見、自恃、自伐、自矜耳。此與顏淵「毋伐善，毋施勞」之意相似。所不同者，顏淵之不伐不施，僅為一自我之道德實踐，而老子之不敢自伐其功，其目的正在求永保其成功。此老子無為之義一也。老子又云：

為無為，事無事，味無味，大小多少，報怨以德。圖難於其易，為大於其細，天下難事，必作於易，天下大事，必作於細，是以聖人終不為大，故能成其大。夫輕諾必寡信，多易必多難，是以聖人猶難之，故終無難。其安易持，其未兆易謀，其脆易泮，其微易散，為之於未有，治之於未亂。合褢之木，生於毫末，九成之台，起於累土，千里之行，始於足下。為者敗之，執者失之。是以聖人無為，故無敗，無執，故無失。」（六十三——六十四章）

此章老子以為與無為對言，而所謂無為，卽圖難於其易，為大於其細，為之於未有，治之於未亂；則所謂有為，卽圖難於其難，為大於其大，為之於已有，治之於已亂是也。蓋求合褢之木而不生之於毫末，求九成之台而不起之於累土，求千里之行而不始之於足下，皆所謂有為也，以此求成，無異緣木求魚。故曰，為者敗之。聖人知事變之幾，無執無為，故亦無失無敗。故老子直認天下無不可為之事，特須防之於微，杜之於漸，為之於未有，治之於未亂而已。此老子無為之義二也。老子又云：

天下莫柔弱於水，而攻堅強者莫之能先，其無以易之。柔勝剛，弱勝強，天下莫不知，

莫能行。是以聖人云，能受國之垢，是爲社稷主，能受國之不祥，是爲天下王，正言若反。（七十八章）

又云：

人之所患，惟孤寡不穀，而王公以爲稱。故物或損之而益，或益之而損。人之所教，我亦敎之。強梁者不得其死，吾將以爲敎父。天下之至柔，馳騁天下之至堅，無有入於無間，吾是以知無爲之有益也。（四十二——四十三章）

此章老子因天下之至柔，馳騁天下之至堅，而知無爲之有益，則所謂無爲，柔弱是也。與此相反之剛強，卽屬有爲。是有爲與無爲，乃對反之辭。近乎剛強一面者，皆屬有爲，近乎柔弱一面者，皆屬無爲。故凡成、盈、直、巧、辯、上、大、多、雄、白、榮等，皆屬有爲之事，而其反面之缺、冲、曲、屈、訥、下、小、少、雌、黑、辱等，皆屬無爲之用。此卽以反乎常人之所好者爲無爲，所謂「正言若反」也。此老子無爲之義三也。老子又云：

不尙賢，使民不爭。不貴難得之貨，使民不爲盜。不見可欲，使民心不亂。是以聖人之治，虛其心，實其腹，弱其志，彊其骨，常使民無知無欲，使夫知者不敢爲也。爲無爲則無不治。（三章）

又云：

天下多忌諱，而民彌貧。民多利器，國家滋昏。人多技巧，奇物滋起。法令滋章，盜賊

多有。故聖人云，我無爲而民自化，我好靜而民自正，我無事而民自富，我無欲而民自樸。（五十七章）

上引第三章老子所謂無爲，乃指不尙賢、不貴難得之貨、不見可欲、與虛其心、實其腹、弱其志、彊其骨，常使民無知無欲等而言，故繼之曰「爲無爲則無不治」。五十七章之所謂無爲，乃指不多忌諱，不多利器，不多技巧，不多法令而言，故繼則曰「我無爲而民自化」。是此處所謂無爲，皆指去甚去奢去泰而言。去甚去奢去泰，乃明其去文華而存質實耳。非除去務盡，至於虛無寂滅之謂也。故所謂不貴難得之貨，非不貴貨也，不見可欲，非絕飮食也，「天下多忌諱，而民彌貧，民多利器，國家滋昏，人多技巧，奇物滋起，法令滋章，盜賊多有」云云，亦非要天下全無忌諱與法令，人民全無利器與技巧，特不多之而已。故於他章雖有絕聖棄智，絕仁棄義，絕巧棄利，絕學無憂之言，亦非虛無寂滅。蓋絕仁棄義而言慈，絕眾人之所學而學不學，絕聖棄智而另言聖智，絕巧棄利而另求巧利，可見老子之無爲，實非不爲，只是不爲已甚耳。此老子無爲之義四也。老子又云：

不出戶，知天下，不闚牖，見天道，其出彌遠，其知彌少，是以聖人不行而知，不見而名，不爲而成（四十七章）

此老子因而不爲之言也。蓋聖人之「不行而知，不見而名，不爲而成」，非世間眞有不行而知，不見而名，不爲而成之事也，特謂聖人不自爲而因物爲之耳。荀子君道篇云：

牆之外，目不見也，里之前，耳不聞也，而人主之守司，遠者天下，近者境內，不可不略知也。天下之變，境內之事，有弛易齵差者矣，而人主無由知之，則是拘脅蔽塞之端也。耳目之明，如是其狹也，人主之守司，如是其廣也，其中不可不知也，如是其危也，然則人主將何以知之？曰，便嬖左右者，人主之所以窺遠收眾之門戶牖嚮也，不可不早具也。

此卽老子所謂「不出戶，知天下，不闚牖，見天道」之意。聖人不爲而因物爲之，故不爲而成矣。此老子無爲之義五也。

統上所述，老子之無爲，實不外爲而不恃、爲之於未有、爲於物之反、不爲已甚、與因物爲之五義，此皆老子在工夫上之無爲也。王弼注老，多以本體上之虛無義解之，故多失老子意。如上所分析，老子之無爲，實未有以純任虛無作無爲者。老子云：

三十輻，共一轂，當其無，有車之用。埏埴以爲器，當其無，有器之用，鑿戶牖以爲室，當其無，有室之用。故有之以爲利，無之以爲用。（十一章）

此章所謂「有之以爲利，無之以爲用」，似近乎王弼純任虛無之意，然亦似之而非也。蓋此章所言之無，皆所以喻貧賤卑下等反者弱者而言。富貴福祿，所謂有也，貧賤卑下，相對而言，所謂無也。富貴福祿，人皆知之以爲利，貧賤卑下，人皆遠之以爲害，唯聖人明乎「反者道之動，弱者道之用」，故能因以爲用，此卽所謂「有之以爲利，無之以爲用」也。由此可知，老子之無爲，更無王弼純任本體上之虛無之意明矣。

王弼注老，於虛無之外，又喜用因任二義，謂物皆有自然之性，不可以爲，但當任之。故又認老子之無爲，卽因而不爲，以任物之自爲。彼注「天下神器，不可爲也」（二十九章）云：

萬物以自然爲性，故可因而不可爲也。

又注「天地不仁，以萬物爲芻狗」（五章）云：

天地任自然，無爲無造，萬物自相治理，故不仁也。

今按因任二子，全不見於老子，王弼專以因任解老，實大有問題。蓋王弼主無爲而任物之自爲，其意在求物性之自得，故注「是以聖人去甚去奢去泰」（二十九章）云：

聖人達自然之致，暢萬物之情，故因而不爲，順而不施，除其所以迷，去其所以惑，故心不亂而物性自得之也。

又注「生之畜之，生而不有，爲而不恃，長而不宰，是謂玄德」（十二章）云：

不塞其原，不禁其性。不塞其原則物自生，何功之有。不禁其性則物自濟，何爲之恃。物自長足，不吾宰成，有德無主，非玄而何。

王弼於此，專以因而不爲解老子之無爲，而不明老子之無爲，於因而不爲一義外，尚有四義，此已一謬。今又認老子之因而不爲，在使物性自得，是爲再謬。蓋老子乃一有私者，其無爲僅在成其私。取天下，保其國，乃其私之大者。彼有見於尙賢則民爭，貴難得之貨則民盜，見可欲則民心亂，乃實民之腹而虛民之心，彊民之骨而弱民之志，使常無知無欲，而致天下於無為之治，是聖王實未嘗專以因而不為為事。即有所因，亦為因用之因，決非因任之因。今王弼謂聖王之任物自為，在使物性自得，則是因任而非因用矣。此與老子之意，實相背馳。蓋老子之為無為，正有鑑於物之各恣其性，多欲難治，乃以無為鎮之，欲納民性於無為而歸於樸也。故曰：

道常無為而無不為，侯王若能守，萬物將自化。化而欲作，吾將鎮之以無名之樸。無名之樸，夫亦將無欲。不欲以靜，天下將自定。（三十七章）

魏源老子本義解之云：「化而欲作以下，說者多失之。蓋欲作者，欲生萌動也。夫萬物自化，則任其自生自息而已。自生自息而氣運日趨於文，將復有欲心萌作於其間，苟無以鎮之，則太古降為三代，三代降為後世，其誰止之？然鎮之亦豈能有所為，亦鎮之以無名之樸而已。無名之樸者，以靜鎮動，以質止文，以淳化巧，使其欲心雖將作焉而不得，將釋然自反而無欲矣。」魏源此處發明老子本意，可謂透闢。老子當民有欲心萌作之時，即以無欲鎮之，可見老子之無為，決非任物之自為，只在無為之限度內，任其自化而已。此與莊子在宥篇所云：「聞在宥天下，不聞治天下。在之也者，恐天下之淫其性也。宥之也者，恐天下之遷其德也。天下不淫其性，不遷其德，有治天下者哉」之意同。然過此限度，又將以無名之樸鎮之矣。近人多謂老子乃虛無主義者或無政府主義者，其政治主極端之放任無為，由此觀之，可見其皆失之矣。

老子以無為在宥天下，使民皆無知無欲，自可清靜自正，而使天下無事於一時，此老子所謂

「天下將自定」也。老子「天下將自定」之意如此，則謂其無爲在使物性自得，豈不謬哉？故漢書藝文志云，「老子者，君人南面之術也。」

再者，王弼以自然義解老，亦有與老子本義不侔。自然一詞，見諸王注者，比比皆是，而於老子原書僅五見。且王弼講自然，重在順自然；而老子則但講法自然。順自然者，曲全枉直，窪盈敝新，皆事之變，命之行，正當順之。今老子有私，所求在全直盈新，曲枉窪敝皆非所順，但以曲則全，枉則直，窪則盈，敝則新，乃自然之理，故不得不自處於曲枉窪敝之地，以求遂其私，此老子之法自然也。老子法自然之律則以爲行事之標準，認依此律則行事者，卽屬無爲，違此律則行事者，卽屬有爲。無爲則成，有爲則敗。苟欲求成，則決無因任可言。「富貴而驕，自遺其咎。」此乃自然之律則。故處富貴而欲無咎，惟有不驕。「千里之行，始於足下。」此亦自然之律則。今欲致千里之地，亦惟有始於足下之行。「強大處下，柔弱處上。」此亦自然之律則。今欲處上，亦惟有自居柔弱。此皆老子所謂法自然也。是老子之法自然，乃確有一自然之律則以爲法者。與莊子之「與時俱化，無肯專爲」（山木）大不同。蓋老子執自然之律則，以求遂一己之私意，與荀子「制天命而用之，」（天論）皆有所專爲，非順自然之謂也。若就老子法自然之目的言，則非特不可謂之順自然，卽謂之反自然亦無不可。老子云：

物壯則老，是謂不道，不道早已。（三十章）

此卽老子法自然之則以反自然之勢之言也。蓋萬物之生，有少必有壯，有壯必有老，物壯則老，正是自然之道，順自然者，正當順之。今老子有私，欲永保其所私，乃反謂物壯則老爲不道，欲逆自然之勢，反自然之理，以求長生久視，此非反自然而何？

猶有進者，老子之書，數言玄德，此實老子無爲之德也。蓋老子之無爲，既非王弼所謂純任虛無，而實爲一處世之秘訣，與治平之要術，則此中必大有修養與工夫之可言。而此等修養工夫，老子卽總名之曰玄德。玄德之玄，有同義，故首章謂「同謂之玄」。然玄同之同，非眞同也，乃似之而非，和光同塵之同耳。蓋爲無爲者法自然，自然之道如張弓，高者抑之，低者舉之。故欲高而處下，處高而不自高，始合自然之道。然處下者，志在求高，不自高者，亦欲永保其高，皆所謂似之而非也。故生而不有，爲而不恃，大成若缺，大盈若沖，明道若昧，進道若退，上德若谷，大白若辱等養修，皆微妙玄通，深不可識，有若道之爲物，惟恍惟忽，此卽所謂玄德也。老子云：

玄德深矣遠矣，與物反矣，乃至於大順。（六十五章）

王弼認老子之無爲，乃虛無任物，因任自然，全無修養工夫可言，故注第十章「玄德」二字云：

凡言玄德，皆有德而不知其主，出乎幽冥。

老子之玄德，明爲得道者應有之德，而王弼竟謂其出乎幽冥，有德而不知其主。是以玄德獨屬諸自然，而不屬諸人事，此皆王弼之失也。而王弼之有此失，卽在誤解老子之無爲乃虛無任物，純任自然故也。

統上所論，可知老子之無爲，乃法自然而非任自然。法自然之理，而非任自然之物。法自然之理以求成其私，而非任自然之物以使物性自得之也。故其目的，實屬有爲，特以無爲爲手段耳。王弼注老，有個體而無主宰，有放任而無工夫，實與郭象注莊，同爲魏晉散渙無力之時代精神之反映；而老子思想，則爲戰國末期重統制與建構之時代精神之產物。不辨王弼之非，即不足以明老子之意，此所以不憚辨析之煩也。

荀子善偽論所展示的知識問題

荀子的性惡論，向被認爲與孟子的性善論相矛盾，故歷來尊崇孟子的，多貶抑荀子，此自漢文帝列孟子於學官時，已開其端，至宋明益甚。因此荀學在中國，長期以來沒有受到應有的重視，並由於抑揚過當，產生許多誤解，這不獨是荀子的不幸、儒學的不幸，也是中國文化的不幸。

荀子性惡篇，主張性惡論，並且反對孟子的性善論，這都是眞實的。一般人總以爲荀子既然主張性惡論，反對孟子性善論，則孟、荀的思想理論，必然是互相矛盾的；如果我們接受了孟子的見解，必然就要排斥荀子的見解。反之亦然。究竟是不是這樣呢？

荀子性惡篇所要論證的論題是：「人之性惡，其善者僞也。」性惡與善僞，是性惡篇所要同時證明的。但通觀荀子全書，他所能證明及所要證明的，不在性惡，而在善僞。因此，我們與其說荀子是性惡論者，不如說他是善僞論者，或性無善無惡論者。荀子對性、僞、善、惡等觀念的用法，都有特定的意義，我們只有了解他這些意義後，才能進一步說明孟、荀的性論究竟是否互相矛盾，若只是望文生義，我們是永遠找不到正確的答案的。

在西周以前，多以生訓性。故所謂人性，就是人生。告子「生之謂性」之說，是繼承着傳統下來的。這個見解，一直影響到後代。荀子大體上仍承接着這傳統的見解，因此他說：「生之所以然者謂之性。」（正名）

「生之謂性」，雖然是個傳統的見解，但在生就是性的大前題下，我們究竟怎樣去了解人的生呢？這依然是個引起爭論的問題。一般人總以爲孟子反對告子，根本否認了「生之謂性」的大前題。我認爲這樣了解是很値得商榷的。問題不在於否認「生之謂性」的大前題，而在於我們怎樣了解「生之謂性」的意義。如果所謂「生之謂性」，是說：與生俱來的就是性，天賦的就是性的意思，其中包括了氣質之性和義理之性的話，則我們實在沒有反對的必要。中國古代只有一個天，作爲萬有的根源；義理之性和氣質之性都從這裏出。因此，孟子實不必反對生之謂性的大前提。而且在告子篇中，孟子也沒有否定這個大前提。孟子只是反對把人生理解成與犬牛之性無異，反對把生就是性，理解成爲犬的性猶牛的性，牛的性猶人的性。告子只從食色來了解人的生，這是告子對傳統上生之謂性一語了解得過分偏狹，並不能證明生之謂性一語本身是錯誤的。事實上錯誤的只是告子偏狹的解釋。因只從動物性去了解人性，這便無異說犬之性猶牛之性，牛之性猶人之性。把人性完全等同於禽獸之性，泯除人禽有本質上的差別，這才是孟子所要反對的。人與生俱來便有維持自身生命存在的食欲和延續種族生命存在的色欲，這是用不着告子去發明的。孟子也不會否認人性中有種種自然情欲。但孟子卻認爲人並不是完全被自然欲望和自然本能封閉起來、束縛起來的，人性中還有超出其形軀的仁義禮智之心，這是更有價值、更可寶貴的。因此孟子叫耳目口鼻之欲爲小體，叫仁義禮智之心是大體。大體貴而小體賤，君子應從其大體而不應從其小體。這就等於說，不但耳目口鼻之欲是生之所以然的性，就是仁義禮智之心，也是生之所以然的性。不過告子見其小體，只就人欲言人性，故主張性無善無不善，而孟子則見其大體，並着重就人心言人性，故主張性善，這是孟子和告子分歧的地方。

孟子反對告子，既不在於否定「生之謂性」的大前提，而在於對人的生、人的性有不同的認識。告子大體上只從欲方面了解人性，孟子則重從心方面了解人性。然則荀子從「生之所以然者謂之性」的觀點，又怎樣了解人性呢？

許多人認爲荀子只從動物性去了解人性，這實在是個非常嚴重的錯誤。所謂動物性，大體是指自然情欲與自然本能而言，人是動物，當然也有動物性。飢而欲飽，寒而欲暖，好利惡害，懷生畏死，都是生而自然的性，荀子當然承認。但荀子除了說「人生而有欲」（禮論）以外，還說「人生而有知」（解蔽）。他認爲「塗之人也，皆有可以知仁義法正之質，皆有可以能仁義法正之具。」（性惡）又說：「才性知能，君子小人一也，好榮惡辱，是君子小人之所同也。」（榮辱）知本於心，心生而有知，可見荀子和孟子一樣，除了承認人的自然情欲是性外，還認爲人的心知形能也是性。不過，荀子所著重的心，是虛壹而靜的清明心，而孟子所著重的心，是仁義禮智的四端之心；荀子所講的心知形能是智性的，而孟子所講的良知良能，則是德性的罷了。孟子從人的道德意願去把握人心，故可說孟子的心是仁心或德性心。荀子從人的認知能力去把握人心，故可說荀子的心是智心或知性心。

仁心與智心，都是人超越其形骸之私，從特殊的個體中解放出來，而認識普遍的理的一種能力。智心大抵是通過外在的觀察來把握客觀事物的共相共理。仁心則通過反省逆覺來體悟繫屬于主體的同然理義或共同的價值理想。智心所把握的理既是外在的，因而也是靜態的、理論的、價值中立的，其目的止于成就知識；仁心所把握的理則是我們主體的願望和理想，這是動態的，實踐的，人在知善知惡的同時，便要爲善去惡，在知道我們的價值理想的同時，便要求實現它。因此，重視知類明統的智心，與抱同情共感的仁心，雖然都是人異于禽獸的關鍵所在，但二者的功能卻各有不同。

從道德意願去把握人心的孟子，是從動機去講善的。人只要與物通情，推己及人，或懷抱着民胞物與、一視同仁的心情去處事接物，便可以說是善。但從認知能力去把握人心的荀子，目的不在對萬物的主觀意願寄予同情，而在對萬物的客觀規律加以認識，因而所謂善，不能只就主觀的意願講，必須從通過客觀的認識，建立起實踐主觀價值的正確途徑或正確方法上講。孟子講善惡，是扣緊我們良知的主體講的。無爲良知所不爲，無欲良知所不欲，一切本着良知行事，不失其本心，便是善。反之，失其本心，昧其良知，爲其所不爲，欲其所不欲，便是惡。荀子則認爲凡人都是欲其所欲，惡其所惡的，但卻不一定知道怎樣做才能達到欲其所欲、惡其所惡的目的。因此他不感慨人的道德衰敗，而感慨人的知識淺陋。榮辱篇云：

> 爲堯禹則常安樂，爲桀跖則常危辱，爲堯禹則常愉佚，爲工匠農賈則常煩勞，然而人力爲此而寡爲彼，何也？曰：陋也。……今以夫先王之道，仁義之統，以相羣居，以相持養，以相藩飾，以相安固耶？以（王先謙曰，以猶與也）夫桀跖之道，是其爲相縣也，幾直（楊倞曰：幾讀爲豈，直猶特也）夫芻豢稻粱之縣糟糠爾哉？然而人力爲此而寡爲彼，何也？曰：陋也。陋也者，天下之公患也，人之大殃大害也。

荀子於此，認爲人之不爲堯禹而爲桀跖，不行先王之道，仁義之統，而行桀跖之道，危辱之事，並非由於他們不好安樂而好危辱，而是由於他們淺陋無知，雖好安樂而不知達致安樂的方法，雖惡危辱而不知淪於危辱的途徑。因此，人不能循理直道，並非由於他沒有好善疾惡之性，而是由於他不知道。解蔽篇說：「心不可以不知道。心不知道，則不可道而可非道。……心知道然後可道，可道然後能守道以禁非道。」這是荀子重視心的智性，而不重視心的仁性的原因。

荀子對於人心的認識，本不限於智性。人有好善之性，他也承認。彊國篇說：「人之所惡何也？曰：汙漫爭奪貪利是也；人之所好何也？曰：禮義辭讓忠信是也。」性惡篇更索性說：「人之欲爲善，爲性惡也。」可見人與生俱來，便有欲爲善之性。但由於孟、荀對善的定義不同，所以便有性善、性惡的分歧了。荀子所謂善，指禮義法度而言，扣緊客體講，比較重視正理平治、羣居和一的客觀規範。性惡篇說：「凡古今天下之所謂善者，正理平治也；所謂惡者，偏險悖亂也；是善惡之分也。」可見荀子所謂善，不是主觀上有爲善的意願便算，還要通過心的計慮權衡，找出能實現這些善良意願的正確途徑，達致正理平治的有效方法，才能說是善。在孟子看來，人只要有欲爲善的心，有可以爲善的能力，便可說人性是善。因此孟子就四端之心與良知良能說性善。謂：「乃若其情，則可以爲善矣，乃所謂善也。」（孟子告子上篇）可見孟子所謂善，是就我們的主觀情性、主觀意願和主觀能力講，而非由主觀的意願與能力的客觀化與現實化上講。

荀子雖然承認人之欲爲善是與生俱來的性，但人在欲爲善時，他所欲的善，只是一個理想的存在，而非現實的存在，現實上顯然沒有善，因此荀子不但不說人性是善的，反而由此證明人性是惡的。（實則至多只能證明人性不是善的）荀子所謂善，不從主觀的道德願望講，而從能使我們達到正理平治、羣居和一的客觀途徑與現實效果講。故可說孟子重視主觀的意志或目的，而荀子卻重視客觀的途徑與效果。重視目的則重視樹立主觀的價值與理想，重視方法則重視建構客觀的規範與法制。如果我們只講主觀的理想，而對我們的理想無所解說，或全不措意如何實現這些理想的方法，則我們的理想將只能退藏於密。荀子在非十二子篇批評子思孟軻「僻違而無類，幽隱而無說，閉約而無解」，即從子思孟軻只重視主觀的道德，而忽略客觀的知識立論。大抵荀子所謂善，不是指我們有爲善的意願及爲善的能力而言。因爲欲爲善而不欲爲惡，好禮義辭讓忠信，而惡汙漫爭奪等道德意願，在荀子看來，和好利疾惡、懷生畏死的自然情欲是一樣的，都是生之所以然的性，其本身是無所謂善惡的。只有通過心的計慮權衡，使這些道德意願或自然情欲合理化、客觀化，才能說是善。故正名篇謂：「離道而內自擇，則不知禍福之所託。」這就見出孟子和荀子的分歧，不在於大家對人性有不同的認識，而在於大家對所謂善有不同的定義。更重要的，是孟子比較重視道德主體，荀子比較重視客觀知識。

道德與知識，通常分屬於兩個不同的層次。道德所涉的是道德主體，處理應然的價值問題；在道德生活中，把一切對象都看成是一個價值主體，道德的對象和道德的主體是平等的，彼此應該同情和尊重。知識所涉的是認知主體，處理實然的事實問題；在認知過程中，把一切對象都看成是一客觀的、認知的、和被動的存在，主體和客體是不平等的。因此道德與知識，在理論上界域分明，各不相同，但在實際上，兩者卻有着不可分離的關係。

無論我們把道德主體理解爲一種與天地萬物通情的同體之愛也好，或進一步從人有同體之愛，肯定一個萬有根源的至善本體也好，當我們在作具體的道德判斷時，都必然要落在特定對象或特定情境中；因爲若要我們的道德判斷在實際人生或客觀世界有眞實的意義，必須對此等特定對象或特定情境有相應的客觀了解；否則，縱然同體之愛或至善本體本身是自足的，也不能成就在現實人生中能指導我們道德行爲的道德判斷。我們並不是說道德主體本身與知識問題不可分，而是說道德主體面對特定的對象和特定的情境作出具體的道德判斷時，必須與知識發生關係。雖則知識和道德可能有共同的根源，同本於良知理性的昭明靈覺。但由於一以觀照客觀物理爲對象，一以逆覺價值主體爲能事，便有了知識和道德的分野。因此，在見父自然知孝，見兄自然知悌時，照理我們必須見父而知其爲父，才有應該孝的道德判斷；見兄而知其爲兄，才有應該悌的道德判斷。試想，如果我們無的放矢，或對父行慈，對子行孝，不是成爲十分荒謬嗎？因此，「性中何曾有孝弟來」的話，實在不算錯。人性中原來只有那昭明靈覺而已，孝弟等德目，只有對應着特定的情境及特定的對象才能產生，才有意義，離開特定對象與特定情境，如果我們還說人應該孝、應該悌、應該忠、應該信，那就變成難於索解的事了。

進一步說，道德不但在引發時要有了解客觀情況的知識基礎，而且在求實現我們的道德意願時，也不能不涉及經驗世界，與知識發生聯繫。也許有人以爲道德生活一切盡其在我，自事其心，完全是內心世界的事，不必牽涉經驗世界和客觀知識，只要我們按照道德主體所發出的命令行事，我們的行爲便是道德的，不必理會我們這樣做，在客觀世界的效果問題。我們認爲以上的想法，有加以澄清的必要。道德只對道德主體負責，這是不錯的，但由此推論道德行爲可以全不理會在客觀世界的效果，這便值得商榷。因爲一個眞實的道德意願，決不會在決定我們應該做什麼之後，完全不理會如何去貫徹實現這個道德意願的正確途徑或有效方法的問題。道德主體在發命令之前，必須藉助知識去了解客觀情況，否則便是瞎指揮；但當道德主體決定了我們應做什麼後，還要藉助知識去找尋實踐這個道德命令的正確途徑與有效方法，否則我們只是個自了漢。道德實踐不是可以自了的，它必須邁向客觀世界，它不是要卷之退藏於密，而是要放之彌綸六合，因此必然要關涉到有關客觀世界的知識。如果一個人一天到晚只想着應該親親、應該仁民、應該愛物，卻從來不去想如何親親、如何仁民、如何愛物的問題的話，則我們決不能說這個人有親親、仁民、愛物的德性。因爲道德不能封閉在內心世界，也不能自足於內心世界，它必須求客觀化，求有諸內則形諸外，求內外合一。故易經一面講剛健中正之德，一面講吉凶禍福之理，既要我們盡性至命，也要我們窮神知化，盛德與大業，內聖與外王是一起講求的。

道德和知識在實際上的關連，不等於不可以在理論上分成兩個不同的層次。知識影響於我們的，只是在我們決定應做什麼之前，提供一些有關客觀情況的消息；在我們決定應做什麼之後，指示我們如何做的方法，但在我們獲得一切知識後，仍不能決定我們應不應該做。雖則只有應該做的問題，而沒有如何做的問題的話，道德是無法實踐、無法完成的；但應該做與如何做，到底是不同的兩回事。在應該做的領域內，卽就道德之爲道德的本身而言，或卽就義之所從出而言，是與客觀知識無關的。故義內之說，還是必須承認的。

我們說道德不能自足，不是在理論上及本質上說道德有待於外，而是在實際上及外緣上，道德有賴知識去引發與完成。這裏所謂完成，不是從效果及功用上說，道德意願的完成，不能以成敗論。但所謂不以成敗論，亦非完全不關懷成敗的意思。如果一個人一天到晚發出許多道德命令，從來不想過如何去做才能實踐他的道德命令的話，則這個人便是個不負責任的人，也是個不誠懇的人，當然，更不能說他是個道德的人。但所謂關懷成敗，又不是以成敗論定，究竟是什麼意思呢？意思是道德實踐不能沒有對其成敗的關懷而已。因爲一個道德的人，旣有某種道德意願，並要在客觀世界中把它實現出來，便當貫徹始終，盡一切心力去求其實現。旣然實現道德價值于客觀世界中，必然要涉及許多有關客觀世界的知識，則作爲一個眞心實意的人，便當努力探求各種知識，以便找尋出正確的途徑與有效的方法，以求成功地實現那個道德理想。不如此，便不能說是道德的。但一個眞心實意的人，雖然盡了一切努力去探求種種知識，亦未必找尋出一條正確的途徑與有效的方法；因爲人類知識永遠在進展之中，我們此時認爲正確有效的，在彼時未必如此，因此這種努力，亦只能盡其在我。

但所謂盡其在我，不單是道德實踐上的事，也是客觀認知上的事。道德不能止於自事其心，即使自事其心，道德的心靈也應當向知識世界通出去，盡力探求客觀世界的知識，建立實現我們道德意願的有效方法，我們的道德心靈才能安。

一般人很容易認爲荀子是個實用主義或效果主義者，其實不然。荀子比孟子更重視實效，這是對的，但他所重視的實效，不是寡頭的，而是套在道德價值、道德理想之下的實效。凡違背了道德的價值理想，便無所謂正確的途徑與有效的方法；因此他在正名篇反對以己爲物役，而主張重己役物。修身篇也說君子役物，小人役於物。在勸學篇中，他認爲一個理想的人格，應有權利不能傾，羣衆不能移，天下不能蕩，生乎由是，死乎由是的道德操守。榮辱篇更謂士君子之勇是義之所在，不傾於權，不顧於利，舉國而與之不爲改視，重死持義而不橈。像這樣一個不傾於權，不顧於利，唯仁之爲守，唯義之爲行，以法勝私，守死善道的人，又豈是實用主義者或效果主義者所能相提並論的呢？然而，荀子雖要我們誠心守仁，誠心行義，但他所謂的仁義，是積思慮、習僞故產生出來的，其中含有客觀知識的因素，不完全是主觀的理想；而且他要我們愼獨致誠，是要我們對這由積僞所生的義理仁道「長遷而不反其初」（不苟），這和孟子言誠言義，便有性僞內外之別。儘管荀子認爲善是僞的，他到底要我們忠於善道，而非忠於權利，以德操爲重，而非以功效爲重。這是荀子不失爲大儒的地方。不過荀子要我們守的善道和德操，是個主客兼備的內外合一之道，儘管我們的知識永遠在進展之中，但道德並不能因此只求自事其心，退藏於密，應當連繫客觀世界的知識，以求建立實現我們道德意願的正確方法與有效途徑。至於在盡人事以後，依然有客觀的限制，這是一切有限存在所無可奈何的事，故人盡性以後，便要知命。所謂知命，不是聽天由命的意思，而是知道枉尺不足以直尋，故義術行而詐術止，一切循理直道，不求急功近利的意思。孔子知其不可爲而爲之的精神，應該這樣去理解。

但我們說道德不能自事其心、退藏於密，必須關懷客觀世界的知識，這話是須要補充的。中國文化重德而不重智，卽使荀子也沒有超出這個範圍。荀學的目的，並非在求取宇宙人生的客觀知識，建立起種種純智性的知識理論。荀學的精神依然是道德的，其目的在建立一個「耳目聰明，血氣和平，移風易俗，天下皆寧」（樂論）的天下世間。因此他反對我們對知識作無止境的追求。修身篇云：

夫堅白同異、有厚無厚之察，非不察也，然而君子不辯，止之也。倚魁之行，非不難也，然而君子不行，止之也。

儒效篇云：

君子所謂賢者，非能偏能人之所能之謂也；君子之所謂知者，非能偏知人之所知之謂也；君子之所謂辯者，非能偏辯人之所辯之謂也；君子之所謂察者，非能偏察人之所察之謂也；有所止矣。

解蔽篇云：

凡以知，人之性也；可以知，物之理也。以可知人之性，求可以知物之理，而無所疑止之，則沒世窮年不能偏也。其所以貫理焉雖億萬，已不足以浹萬物之變，與愚者若一。學，老身長子，而與愚者若一，猶不知錯，夫是之謂妄人。故學也者，固學止之也。惡乎止之？曰：止諸至是。曷謂至足？曰：聖也。（梁啓超曰：也當爲王）聖也者，盡倫者也；王也者，盡制者也；兩盡者，足以爲天下極矣。

從以上三節中，可以看出荀子並不贊成我們的知性活動無所定止。不苟篇云：「君子行不貴苟難，說不貴苟察，名不貴苟傳，唯其當之爲貴。」然則怎樣才算是當呢？在不苟篇中則認爲是禮義，在解蔽篇中則認爲是聖王。禮義與聖王都是至足至善；因此荀子要我們「止諸至足」，這和大學叫我們「止於至善」是一個意思。按照荀子的標準，學者應該以知禮達義，盡倫盡制爲目的，若漫無目的地爲知識而求知識，或苛察繳繞，使人不得反其意，專決於名而失人情，便可能是一個與愚者若一的妄人。這種觀點，與西方重智的文化系統，顯然有着基本上的分歧。所以荀子的重智精神，依然屬於重德的文化系統。

現在我們不妨舉一個例子，說明道德與知識的關係。比方你的朋友丁君在甲城患了病。當時甲城有三位醫生，陳醫生是最好的一位，李醫生次之，張醫生是最差的。當時你的良知認爲站在朋友的道義上，應該請醫生治理丁君，而且你在作道德的抉擇時，也順從了良知的命令。但你當時的知識，只知道有一位張醫生。你請張醫生治理丁君的結果，丁君竟爲藥石所誤而死。在這個例子上，如果我們是根據行爲的效果去評斷行爲是否合道德的話，我們便會說你的行爲是不道德的。但儒家不是效果主義者，決不這樣去評判。道德只能對良知負責，只要我們按照良知去辦事，便是道德的。但我們若眞要按照良知去辦事，便要涉及客觀世界的知識。應該請醫生，這是良知的決定，但落實下來請那一位醫生，卻是知識決定的。如果你當時知道李醫生更好，你便會請李醫生，如果你知道陳醫生最好，你便會請陳醫生。但由於道德只能扣緊主體講，因此我們只能就你當時的知識程度來評判。但卽使如此，儒家也不鼓勵人作無知無識的老好人，仁且智，才能配作聖人，愚忠愚孝，婦人之仁，都不能說是理想的道德。道德雖然最終要歸本於道德主體，但不通過對知識的努力，使道德完全與客觀世界的知識割裂開來，這也是道德理性的明覺所不容的，更是道德心所不能自安的。因此，在實際的道德生活中，我們是不能把道德和知識打成兩橛的。

以上我們說明了在實際生活中，知識與道德的不可分割性。因此心的智性與仁性，同樣重要，只是仁者見之謂人仁，智者見之謂之智，各有偏重而已。既然如此，孟、荀之學，實可互相補足，而非互相矛盾，合之則兩美，離之則兩傷，中國文化既以道德性爲主，便當以孟學爲經，荀學爲緯，走上仁智兼盡的健康道路。不幸在中國歷史上，恒認爲孟、荀可離而不可合，使儒學的發展產生偏枯之象，這眞是一件遺憾的事。

荀子所謂性，既然和孟子一樣，包括了人欲與人心，然則荀子的性惡論是怎樣講的呢？一般人以爲荀子論性，限於自然情欲，因此認爲荀子所謂性惡，是指人的自然情欲本身是惡。這樣理解荀子的性惡論是不對的。禮論篇云：

禮起於何也？曰：人生而有欲，欲而不得，則不能無求，求而無度量分界，則不能不爭，爭則亂，亂則窮。先王惡其亂也，故制禮義以分之，以養人之欲，給人之求，使欲必不窮乎物，物必不屈於欲，兩者相持而長，是禮之所起也。故禮者養也。芻豢稻粱，五味調香，（王念孫曰：香當爲盉，今通作和。）所以養口也；椒蘭芬苾，所以養鼻也；雕琢刻鏤，黼黻文章，所以養目也；鐘鼓管磬，琴瑟竽笙，所以養耳也；疏房檖貌越席床笫几筵，所以養體也。故禮者養也。

人有耳、目、口、鼻、四肢之欲。耳求聲，目求色，口求味，鼻求香，四肢求安佚。對於這些自然情欲，荀子不但沒有加以否定，反而認爲先王制禮的主要作用在養人之欲，給人之求。以芻豢稻粱養人之口，以椒蘭芬苾養人之鼻，以雕琢刻鏤養人之目，以鐘鼓管磬養人之耳，以床笫几筵養人之四體，並且要使「欲必不窮乎物，物必不屈於欲」，達致「兩者相持而長」的目的，可見荀子並不認爲自然情欲本身是惡的。因爲禮在荀子的系統中是善的，如果說善的禮，目的在長養供給人的惡性，便很荒謬了。

爲了進一步說明荀子不以自然情欲本身爲惡，我們可以再看看正名篇。正名篇有一段很精彩的文字，討論欲望在人類文化中的地位。荀子認爲人生而有欲，而且欲多而不欲寡。人的情欲，本於天性，有欲則生，無欲則死，多欲則喜，寡欲則悲。故有欲無欲只關乎生死，無關乎治亂。無欲寡欲不必治，有欲多欲不必亂。故爲治不必鄙薄情欲，相反地，荀子還要我們在可能範圍內，應盡量滿足人的自然情欲。正名篇云：

故雖爲守門，欲不可去，性之具也。雖爲天子，欲不可盡。欲雖不可盡，可以近盡也。欲雖不可去，求可節也。所欲雖不可盡，求者猶近盡；欲雖不可去，所求不得，慮者欲節求也。道者，進則近盡，退則節求，天下莫之若也。

荀子認為求欲望滿足之道，「進則近盡，退則節求」，自然情欲雖然有時還是當加以節制，但節制的理由，只是由於「所求不得」，並不是因為自然情欲本身是惡的才加以節制。荀子決沒有禁欲、寡欲、或以自然情欲本身為惡的意思，否則為什麼他說「道者，進則近盡」呢？當然，荀子積極地肯定人的自然情欲，可以有另外的理由。比方富國篇說：「上得天時，下得地利，中得人和，則財貨渾渾如泉源，汸汸如河海，暴暴如丘山，不時焚燒，無所藏之。夫天下何患乎不足也。」便是其中一個理由。但無論如何，荀子不以情欲為惡，也是原因之一。

荀子既然不以自然情欲本身為惡，那末他所謂性惡是怎樣講的呢？性惡篇云：

今人之性，生而有好利焉，順是，故爭奪生而辭讓亡焉；生而有疾惡焉，順是，故殘賊生而忠信亡焉；生而有耳目之欲有好聲色焉，順是，故淫亂生而禮義文理亡焉。然則從人之性，順人之情，必出於爭奪，合於犯分亂理而歸於暴，故必將有師法之化，禮義之道，然後出於辭讓，合於文理，而歸於治。用此觀之，然則人之性惡明矣，其善者偽也。

荀子所謂善既指正理平治而言，所謂惡指偏險悖亂而言，故荀子在這段文字中所謂性惡，並不是說人的好利疾惡之情、耳目聲色之欲本身是惡，也不是說凡隨順放縱人的自然情欲便是惡；只是說隨順放縱人的自然情欲至於犯分亂理而歸於暴的時候，才能說是惡。如果我們盡量滿足人的自然情欲而不至於犯分亂理的話，那還不能說是惡的。故惡是從善的分理中反顯出來的，沒有分理，即無所謂犯分亂理，因而也無所謂惡。沒有辭讓忠信、禮義文理，即無所謂爭奪殘賊與淫亂，因而好利疾惡之情、耳目聲色之欲，也無所謂惡。

由此可知，荀子對情欲的看法，只當是一個自然的事實來處理，它本身是價值中立的，無所謂善，也無所謂惡。但由於人生而有欲，有欲則生，無欲則死，則在合理的範圍內，荀子還是主張盡量去滿足人的情欲。這不等於說情欲的滿足本身是善的。荀子決不是情欲主義者、快樂主義者、也不是自然主義者，因爲荀子既不主張情欲至上、快樂至上，也不主張放任自然。荀子全書的精神，是要我們的自然情欲合理化。

然則我們的行爲如何才能合理合道呢？荀子認爲只有心才能知道，因此我們的行爲應當依從心而不應依從欲，這是荀學的精神所在。正名篇云：

> 欲不待可得，而求者從所可。欲不待可得，所受乎天也；求者從所可，所受乎心也。所受乎天之一欲，制於所受乎心之多計，固難類所受乎天也。人之所欲，生甚矣；人之所惡，死甚矣；然而人有從生成死者，非不欲生而欲死也，不可以生而可以死也。故欲過之而動不及，心止之也。心之所可中理，則欲雖多，奚傷於治。欲不及而動過之，心使之也。心之所可失理，則欲雖寡，奚止於亂。故治亂在於心之所可，亡於情之所欲。

人與生俱來有種種欲望與目的；追求這些欲望與目的的實現，大體是一致的。但要達到這些願望與目的，心便要有種種計慮權衡，以求建立正確的方法與有效的途徑。由於心的計慮權衡的結果，往往與我們原來的欲望與目的不同，因此我們的行爲便千差萬別，不再與所受乎天的一欲相類了。人之所欲，以生爲甚，人之所惡，以死爲甚，但一經過心的計慮權衡，便可以叫我們從生成死。人的行動不及情欲，是心制止的原故，人的行動超過情欲，是心使令的原故，可見心和欲，可以有很大的距離。治亂既在於心，故荀子認爲人生的主宰是心。解蔽篇云：

> 心者，形之君也，而神明之主也，出令而無所受令。自禁也，自使也，自奪也，自取也，自行也，自止也。故口可劫而使默云，形可劫而使屈申，心不可劫而使易意，是之則受，非之則辭。

荀子這一段文字，使很多人感到迷惑。因爲荀子的心既然是形之君，神明之主，出令而無所受令，一切自作主宰，則與孟子的道德心有什麼不同呢？我們可以說，荀子的心，偏重智性一面，心是通過計慮權衡才發施號令的；所謂自禁、自使、自奪、自取、自行、自止，並不是要我們依從主觀的道德願望行事，而是要我們依從在道德主體面對特定的情況時，經過心的計慮權衡所作出的具體地指導我們行爲的禮義法度行事。不苟篇云：

> 欲惡取舍之權：見其可欲也，則必前後慮其可惡也者；見其可利也，則必前後慮其可害也者；而兼權之，孰計之，然後定其欲惡取舍；如是則常不失陷矣。凡人之患，偏傷之也——見其可欲也，則不慮其可惡也者，見其可利也，則不顧其可害也者。是以動則必陷，爲則必辱，是偏傷之患也。

榮辱篇云：

人之情，食欲有芻豢，衣欲有文繡，行欲有輿馬，又欲夫餘財蓄積之富也；然而窮年累世不知不足，是人之常情也。今人之生，方知畜鷄狗猪彘，又畜牛羊，然而食不敢有酒肉，餘刀布，有囷窌，然而衣不敢有絲帛，約者有筐篋之藏，然而行不敢有輿馬，是何也？非不欲也，幾不長慮顧後而恐無以繼之也。於是又節用御欲，收斂畜藏以繼之也。是於己長慮顧後，幾不甚善矣哉！今夫偷生淺知之屬，曾此而不知也，糧食大侈，不顧其後，俄則屈安窮矣；是其所以不免於凍餓，操瓢囊爲溝壑中瘠者也；況夫先王之道、仁義之統、詩書禮樂之分乎！彼固天下之大慮也，將爲天下生民之屬，長慮顧後而保萬世也。

荀子把先王之道，仁義之統，說成是爲天下生民之屬長慮顧後而保萬世的大慮，因此他所謂之道，就是權衡計慮的結果。解蔽篇說：「何謂衡？曰：道。」正名篇說：「道者，古今之正權也。」道既出於心的計慮權衡，何以我們不說心是善的呢？如果心是善的，我們的性應該也是善的了。但荀子雖認爲善出於心的計慮權衡，卻不認爲心本身是善的。因爲善的禮義法度只是心的計慮權衡的結果，而心的計慮權衡的結果就是僞，因此禮義法度也是僞的。這是了解荀子善僞論的關鍵所在。正名篇云：

生之所以然者謂之性，性之和所生，精合感應，不事而自然謂之性，性之好惡喜怒哀樂謂之情，情然而心爲之擇謂之慮，心慮而能爲之動謂之僞，慮積焉，能習焉而後成，謂之僞。

人非完全隨順本能生活的動物，當我們的情欲萌動時，我們究竟應隨順它呢？還是禁制它呢？便要作出抉擇。心爲情欲作抉擇，便叫做慮。慮的結果往往違背我們的情性，卽使不違背我們的情性，也要得到心的認可，所以一切的善都是僞。性惡篇云：

聖人積思慮，習僞故，以生禮義而起法度。然則禮義法度者，是生於聖人之僞，非故生於人之性也。

善旣然是心的計慮權衡的結果，然則心的計慮權衡如何才能中理合道呢？心不是憑空去計慮權衡的，他首先要學至於全盡，還要知類明統，做到「苟仁義之類也，雖在鳥獸之中，若別白黑，倚物怪變，所未嘗聞也，所未嘗見也，卒然起一方，則舉統類而應之，無所儗怎，張法而度之，則晻然若合符節」（儒效）的地步。否則，百發失一，不足謂善射，倫類不通，仁義不一，不足謂善學。故荀子固然很重視聞見等經驗，但他更重視「總方略，齊言行，壹統類」等總、齊、壹的理性活動。學習不但是經驗的事，也是理性的事，人不但要誦數以貫之，還要思索以通之，爲其人以處之。故不苟篇說：

千萬人之情，一人之情是也。天地始者，今日是也。百王之道，後王是也。君子審後王之道，而論於百王之前，若端拜而議。推禮義之統，分是非之分，總天下之要，治海內之眾，若使一人。故操彌約，而事彌大，五寸之矩，盡天下之方也。故君子不下室堂而海內之情舉積此者，則操術然也。

非相篇又說：

欲觀千歲，則數今日，欲知億萬，則審一二，欲知上世，則審周道，欲知周道，則審其人，所貴君子。故曰，以近知遠，以一知萬，以微知明，此之謂也。……聖人者，以己度者也，故以人度人，以情度情，以類度類，以道觀盡，古今一也。類不悖，雖久同理。

人在經驗學習之中，不但要學至全盡，還須知類明統，把握事物之共理，加以推度，如是則五寸之矩，可以盡天下之方。若妄人者，「愚而無說，陋而無度」，一味靠聞見與記誦，則末世窮年，也不免做一個聞見雜博，乖謬不純的陋儒，這是決不能制禮義而起法度的。

人心要所可中理，權衡合道，必須有經驗的知識與理性的推度，這已經是後天人爲的僞，不是先天自然之性了。何況我們要能清明察物，見理不偏，心還要有修養的功夫。解蔽篇謂：人心要做到不以所已藏害所將受，不以夫一害此一，不以夢劇亂知，便要虛壹而靜。而治心之道，在能由人心之危，進於道心之微，達致無爲無強，恭敬和樂的境地。故道雖然不是心所知的對象，不是個外在現成的東西，而是須要心的計慮權衡才照察出來的，但也不能說這個道完全是內心所本有，因爲它有待於學至全盡與知類明統；學至全盡與知類明統，又有待於我們修養此心成爲虛壹而靜的大淸明心與無爲無強、恭敬和樂的道心。而且所謂先王之道，仁義之統，是爲天下生民之屬長慮顧後而保萬世的大慮，可見這個道不是生而自然的，而是事而後成的。不過，道既然不完全是外在現成的東西，則主觀性和主體性的重要還是被肯定的。而且慮本身雖有待於知識，但我們爲什麼要關懷天下生民之屬，要爲天下生民之屬去長慮顧後呢？這應該更是個主體性的問題，是一個與知識問題無關的道德問題。人有欲爲善之性，荀子是承認的，但他把人的道德意願和自然情欲，都視作價值中立的本始材樸之性，到底太過輕視了道德主體。人如果在道德自覺上提撕不起，貞定不住，便變成寡頭的理智主義或功利主義，則知識不但流於支離破碎，而且也可以橫決成爲一種禍害，這雖然不是荀子的本意，卻是荀學容易導致的流弊。反之，如果我們只講道德主體，而忽視了客觀知識，則道德只能封閉在內心世界，不能成就盛德大業，這雖然不是孟子的本意，也是孟學容易導致的流弊。因此，爲了樹立人生文化的價值理想，孟子的性善論是必須加以肯定的。爲了找出實現人生文化價值理想的正確途徑與有效方法，荀子強調知識問題的善僞論，也是應當加以尊重的。

韓非子思想述評

一 前言

晚周諸子的政治思想，無論儒家、墨家、道家，皆有其超現實的嚮往，爲人生文化立終極的理想，故均爲教化形態。只有法家中的韓非，全著眼於現實政權的維持與發展，而致力於赤裸裸的權力鬪爭。

周自幽厲以後，諸侯專征，大夫擅政，舊秩序已逐漸解體，但桓文的霸業，仍須假借尊王攘夷的名義。及威烈王二十三年，命晉大夫魏斯、趙藉、韓虔爲諸侯，周室賴以維持殘局的名分亦不能守，此後天下卽以智力相雄長，成爲戰國紛爭之局。

戰國之世，諸侯內有簒弒，外務兼倂，有國者若不能發憤圖強，內絕姦情，外拒強敵，則必不能容身於此歷史大勢之中。故列國君主，逐漸放棄以實現人生文化的遠大理想為目的的王道、仁政、德治、道治，而轉重講求急功近利、富國強兵的法治。不過他們因為受了傳統觀念的影響，雖以王道為迂濶，仁政為空談，一時還不敢直接對抗這些觀念，故在思想與行動之間，顯出頗不調協，由於價值觀念的混亂，無法產生行動的大力。

韓非是韓國的諸公子，處韓國極危極弱之時，目擊姦僞之士，顛倒於上，五蠹之民，為亂於下，乃欲以非常手段，變法圖強。然以宗屬疏遠，不得進用，乃發憤寫成韓非子一書，目的在助人君富國強兵，稱霸天下。

韓非思想所以能助人君富國強兵，成霸王之名，由於他在權力鬪爭白熱化的歷史階段，認定政治的要務是集中一切力量，進行權力鬪爭。凡妨碍此一目標之進行者，皆在淸除整肅之列。故為傳統所共認的許多價值觀念，均被韓非雄辯地予以破斥，與徹底地予以摧殘。使人主再無道德上的負累，與思想上的包袱，乃能純任冰冷的理智，進行赤裸裸的權力鬪爭。其思想雖不免流於偏狹，然雄奇堅毅，確可卓然為一大家。今先就尚功用之事、因好惡之情、任賞罰之法、操無為之術、乘必勝之勢、用獨斷之治六端，分述其政治思想，然後加以評論。

二 尚功用之事

韓非審察時變，認爲「上古競於道德，中世逐於智謀，當今爭於氣力」（五蠹）故專意於富國強兵、急功近利之事，務使浮萌趨於耕農，游士危於戰陣。更以「急者不得，則緩者非所務也」（五蠹）爲理由，棄絕道德文學、恬淡隱逸、辯說智謀、奇技淫巧之事，而只以人主之功用爲尚。

喻老篇云：

宋人有爲其君以象爲楮葉者，三年而成，豐殺莖柯，毫芒繁澤，亂之楮葉之中而不可別也。此人遂以功食祿於宋邦。列子聞之曰：使天地三年而成一葉，則物之有葉者寡矣。不乘天地之資而載一人之身，不隨道理之數而學一人之智，此皆一葉之行也。

外儲說左上篇云：

墨子爲木鳶，三年而成，蜚一日而敗。弟子曰：「先生之巧，至能使木鳶飛。」墨子曰：「不如爲車輗者巧也。用咫尺之木，不費一朝之事，而引三十石之任，致遠力多，久於歲數。今我爲鳶，三年成，蜚一日而敗。」惠子聞之曰：「墨子大巧。巧爲輗，拙爲鳶。」

又曰：

兒說，宋人善辯者也。持白馬非馬也，服齊稷下之辯者。乘白馬而過關，則顧白馬之賦。故藉之虛辭，則能勝一國，考實按形，不能謾於一人。

八說篇云：

博學辯智如孔、墨，孔、墨不耕耨，則國何得焉。修孝寡欲如曾、史，曾、史不攻戰，則國何利焉。

五蠹篇云：

今境內之民皆言治，藏商、管之法者家有之，而國愈貧，言耕者衆，執耒者寡也。境內皆言兵，藏孫、吳之書者家有之，而兵愈弱，言戰者多，被甲者少也。故明主用其力，不聽其言，賞其功，必禁無用，故民盡死力而從上。

忠孝篇云：

世之所爲烈士者，雖（王渭曰當作離）衆獨行，取異於人，爲恬淡之學，而理恍惚之言。臣以爲：恬淡，無用之教也，恍惚，無法之言也。言出於無法，教出於無用者，天下謂之察。臣以爲人生必事君養親，事君養親不可以恬淡；之人必以言論忠信法術，（王先愼曰，當作「人生必言論忠信法術」）言論忠信法術不可以恍惚。恍惚之言，恬淡之學，天下之惑術也。

五蠹篇云：

故不相容之事，不兩立也。斬敵者受賞而高慈惠之行，拔城者受爵祿而信兼愛之說，堅甲厲兵以避難而美薦紳之飾，富國以農，距敵以卒而貴文學之士，廢敬上畏法之民而養遊俠私劍之屬，擧行如此，治強不可得也。國平養儒俠，難至用介士，所利非所用，所用非所利，是故服事者簡其業，而游學者日眾，是世之所以亂也。

顯學篇云：

夫是墨子之儉，將非孔子之侈也；是孔子之孝，將非墨子之戾也。今孝戾侈儉，俱在儒墨，而上兼而禮之。………夫是漆雕之廉，將非宋榮之恕也；是宋榮之寬，將非漆雕之暴也。今寬廉恕暴，俱在二子，人主兼而禮之。自愚誣之學，雜反之辭爭，而人主俱聽之，故海內之士，言無定術，行無常議。夫冰炭不同器而久，寒暑不兼時而至，雜反之學，不兩立而治。今兼聽雜學繆行同異之辭，安得無亂乎？……今上徵斂於富人，以布施於貧家，是奪力儉而與侈惰也，而欲索民之疾作而節用，不可得也。……今上尊貴輕物重生之士，而索民之出死而重殉上事，不可得也。……耕者則重稅，學士則多賞，而索民之疾作而少言談，不可得也。……夫斬首之勞不賞，而家鬪之勇尊顯，而索民之疾戰距敵而無私鬪，不可得也。國平則養儒俠，難至則用介士，所養非所用，所用非所養，此所以亂也。且夫人主之於聽學也，若是其言，宜布之官而用其身，若非其言，宜去其身而息其端。今以爲是也，而弗布於官，以爲非也，而不息其端。是而不用，非而不息，亂亡之道也。

詭使篇云：

夫立名號，所以爲尊也，今有賤名輕實者，世謂之高；設爵位，所以爲賤貴基也，而簡上不求見者，世謂之賢；威利所以行令也，而無利輕威者，世謂之重；法令所以爲治也，而不從法令爲私善者，世謂之忠；官爵所以勸民也，而好名義不進仕者，世謂之烈士；刑罰所以擅威也，而輕法不避刑戮死亡之罪者，世謂之勇夫。民之急名也，甚其求利也如此，則士之飢餓乏絕者，焉得無巖居苦身以爭名於天下哉！故世之所以不治者，非下之罪，上失其道也。常貴其所以亂，而賤其所以治，是故下之所欲，常與上之所以爲治相詭也。今下而聽其上，上之所急也，而惇愨純信，用心怯言，則謂之窶；守法固，聽令審，則謂之愚；敬上畏罪則謂之怯；言時節，行中適則謂之不肖；無二心私學，聽吏從教者則謂之陋；難致謂之正，難予謂之廉；難禁謂之齊；有令不聽從謂之勇；無利於上謂之愿；寬惠行德謂之仁；重厚自尊謂之長者；私學成羣謂之師徒；閒靜安居謂之有思；損仁逐利謂之疾；險躁佻反覆謂之智；先爲人而後自爲，類名號言，汎愛天下謂之大聖；言大不稱，而不可用，行而乖於世者，謂之大人；賤爵祿不撓上者謂之傑。下漸行如此，入則亂民，出則不便也。上宜禁其欲，滅其迹，而不止也，又從而尊之，是敎下亂上以爲治也。

六反篇云：

畏死難，降北之民也，而世主尊之曰貴生之士；學道立方，離法之民也，而世主尊之曰文學之士；遊居厚養，牟食之民也，而世主尊之曰有能之士；語曲牟知，僞詐之民也，而世主尊之曰辯智之士；行劍攻殺，暴憿之民也，而世主尊之曰磏勇之士；活賊匿姦，當死之民也，而世主尊之曰任譽之士。此六民者，世之所譽也。赴險殉誠，死節之民，而世少之曰失計之民也；寡聞從令，全法之民也，而世少之曰樸陋之民也；力作而食，生利之民也，而世少之曰寡能之民也；嘉厚純粹，整穀之民也，而世少之曰愚戇之民也；重命畏事，尊上之民也，而世少之曰怯懾之民也；挫賊遏姦，明上之民也，而世少之曰讇讒之民也。此六者，世之所毀也。姦僞之民六，而世譽之如彼，耕戰有益之民六，而世毀之如此，此之謂六反。

有度篇云：

今夫輕爵祿，易去亡，以擇其主，臣不謂廉；詐說逆法，倍主強諫，臣不謂忠；行惠施利，收下爲名，臣不謂仁；離俗隱居，而以非上，臣不謂義；外使諸侯，內耗其國，伺其危險之陂以恐其主，曰：「交非我不親，怨非我不解，」而主乃信之，以國聽之，卑主之名，以顯其身，毀國之厚，以利其家，臣不謂智。此數物者，險世之說也，而先王之法所簡也。

據以上各節所載，可見韓非對於象箸之奇技，木鳶之淫巧，兒說之辯說，孔墨之智謀，與夫恬淡之學、恍惚之言、文學之士、道德之家，皆因其不能有致遠力多，考實按形，利益國家，安上治民之大功大用而加以破斥。而世之所謂仁、義、賢、智、忠、烈、廉、勇、愿、高、重、傑，以及長者、師徒、聖人、大人，皆爲韓非斥爲輕爵祿，易去亡，倍主逆法，收下爲名，離俗隱居，以非其上，卑主之名，以顯其身，毀國之厚，以利其家，畏死遠難，遊居厚養，學道立方，語曲牟知，行劍攻殺，活賊匿姦，無利輕威，不避刑戮，簡上不求見，好名義不進仕，以及言大不稱而行乖於世者。此等價值觀念，有以個人生活的興趣爲出發點的，有以人倫相與的道德爲出發點的，有以社會正義的實現爲出發點的，有以一己的功名富貴爲出發點的，有以終極之文化理想爲出發點的。然對法家的現實政權而言，均採取對抗、敵視、蔑視和不合作的態度，這對於人主欲以耕戰動員一切力量從事權力鬪爭是很不利的。因此韓非舉出人主之功用，爲釐訂一切價值的標準，凡不合標準的，統統加以消除，所謂「勢不足以化則除之」（外儲說右上）故如狂矞、華士、許由、續牙、晉伯陽、秦顚頡、衞僑如、狐不稽、重明、董不識、卞隨、務光、伯夷、叔齊等，不臣天子，不友諸侯，耕田而食，掘井而飲，無上之名，無君之祿，不畏重誅，不利重賞，不可以罰禁，不可以賞使的世所謂高名之士，隱遯之人，韓非皆以爲不令無益之臣，俱在誅殺之列。（見姦刼弑臣、外儲說右上，及說疑諸篇）至於以文亂法，以武犯禁的儒俠，便更不用說了。故韓非以爲「明主之國，無書簡之文，以法爲教；無先王之語，以吏爲師；無私劍之悍，以斬首爲勇。」（五蠹）如是乃能在思想觀念紛然殺亂，價值標準矛盾百出的時代，重新建立一同天下之義的局面。臣民但求其惇慤純信，守法聽令，敬上畏罪，聽吏從教，無二心私學，不亂說亂動，則即使都變得愚、陋、怯、寠，諂讒、不肖，亦沒有什麼不好。因爲這樣的臣民，對君主進行權力鬭爭而言，還是有許多利便的。

三　因好惡之情

中國古代的政治思想，以德治爲主。德治強調人君以身作則，爲民表率，然後期望老百姓受仁德所感召，翕然風從。其所施行的禮樂敎化，亦不求急功近利，只耐心地進行敎育，希望在潛移默化之中，使老百姓日徙善遠罪而不自知。這種政治，目的在激發人的仁義忠愛，使之自動自發地去行仁蹈義，實現政治的理想，故其敎化性特強。但韓非認爲此種德化政治，曠日持久，不合時宜。至於游說縱橫之徒，使人君把國家命運寄託於他人之手，完全不能操之在我，更不足取。而當時之言治者，或曰求賢任智，或曰施行仁義，或曰外交強國，或曰擇主而事，人主熒惑其間，莫知所適，以至寬則寵名譽之人，急則用介冑之士，所用非所養，所養非所用，因循苟且，貽誤國家，是一件極可痛心的事。

韓非目擊時弊，故其言治，不恃人不叛我，恃我不可叛；不恃人不我欺，恃我不可欺；不恃人以愛爲我，恃人不得不愛我；不恃人之爲吾善，而用其不得爲非。故曰：「有術之君，不隨適然之善，而行必然之道。」（顯學）

韓非認爲賢智之士，自善之民，都是不可期必的。若以不可期必的偶然之善爲治國的根據，必然亂多治少。此猶矢人必待自直之箭而爲矢，則必百世無矢，輪人必待自圓之木而爲輪，則必千世無輪。故韓非言治，在用眾而捨寡，不隨偶然之善，而行必然之道。

然則如何才能行必然之道呢？韓非認爲行必然之道，在於因好惡之情。因爲韓非以爲仁義忠愛賢智廉潔，未必人人皆然，惟有飢思食，寒思衣，懷生畏死，趨利避害等自然情性，則是普遍而必然的。故曰：

夫安利者就之，危害者去之，此人之情也。（姦劫弒臣）

又云：

利之所在民歸之，名之所彰士死之。（外儲說左上）

韓非的人性論，受荀子的影響極大。但荀子心性分途，性雖惡，心卻爲禮義法度所從出，故仍可以護持與生發人生價值及文化理想。而韓非所了解的人性，則只是一團無明的私欲，成爲徹底的性惡論者。通常我們以爲君臣有義、父子有親、夫婦有愛，都是超出我們個體以外的德性，但在韓非看來，不過是些虛僞的矯飾，究其實，人倫相處只有利欲之私而已。

飾邪篇云：

君以計畜臣，臣以計事君，君臣之交，計也。害身而利國，臣弗爲也。害國而利臣，君不爲也。臣之情，害身無利；君之情，害國無親。君臣也者，以計合者也。至夫臨難必死，盡智竭力，爲法爲之。

難一篇云：

臣盡死力以與君市，君垂爵祿以與臣市，君臣之際，非父子之親也，計數之所出也。君有道則臣盡力而姦不生，無道則臣上塞主明，而下成私。

難四篇云：

臣之忠詐，在君之所行，君明而嚴則羣臣忠，君懦而闇則羣臣詐。

楊權篇云：

臣之所以不弒其君者，黨與不具也。

外儲說右下篇云：

治強生於法，弱亂生於阿。君明於此，則正賞罰而非仁下也；爵祿生於功，誅罰生於罪，臣明於此，則盡死力而非忠君也。君通於不仁，臣通於不忠，則可以王矣。

以上是就君臣關係而說的。此外，六反篇云：

父母之於子也，產男則相賀，產女則殺之，此俱出父母之懷衽，然男子受賀，女則殺之者，慮其後便，計之長利也。故父母之於子，猶用計算之心以相待也，而況無父子之澤乎。

以上是就父子關係而說的。備內篇云：

萬乘之主，千乘之君，后妃夫人適子爲太子者，或有欲其君之蚤死者。何以知其然？夫妻者，非有骨肉之恩也，愛則親，不愛則疏。語曰：其母好者其子抱。然則其爲之反也，其母惡者其子釋。丈夫年五十，而好色未解也，婦人年三十而美色衰矣。以衰美之婦人，事好色之丈夫，則身死見疏賤，而子疑不爲後，此后妃夫人之所以冀其君之死者也。唯母爲后而子爲主，則令無不行，禁無不止，男女之樂，不減於先君，而擅萬乘不疑，此鴆毒扼昧之所以用也。……故后妃夫人太子之黨成，而欲君之死也。君不死則勢不重，情非憎君也，利在君之死也。

以上是就夫婦關係而說的。由此可見，所謂君仁臣忠，父慈子孝，夫義婦順，都是虛僞的，實則只有互相計較，彼此利用而已。到了黨與旣成，則臣弑君，子弑父，妻弑夫，也是很自然的事，毫不足怪。由於人的自然情欲，互相衝突，所以鬭爭是永恒的，一時的相安，只由於力的均衡而已。而且人的主觀意願，也無法改變客觀的物勢。所謂「情非憎君也，利在君之死也。」可見人與人的關係，永遠在利欲中進行激烈的鬭爭。

旣然人情都是懷生畏死，好利惡害的，則人主便可以因人情的好惡，制爲賞罰之法，驅策天下。因此八經篇云：

凡治天下必因人情，人情有好惡，故賞罰可用；賞罰可用，則禁令可立，而治道具矣。

八說篇又云：

使人不衣不食，而不飢不寒，又不惡死，則無事上之意，意欲不宰於君，則不可使也。

可見韓非的治道，即建立在人有普遍的自然情性上，這是韓非學說的客觀基礎。只要人情有必然的好惡，則賞罰便必然可用，由此而設計出來的治道，應該也是必然可行的了。

四 任賞罰之法

難三篇云：

人主之大物，非法則術也。法者，編著之於圖籍，設之於官府，而布之於百姓者也。術者，藏之於胸中，以偶眾端，而潛御羣臣者也。故法莫如顯，術不欲見。

定法篇亦云：

術者，因任而授官，循名而責實，操殺生之柄，課羣臣之能者也，此人主之所執也。法者，憲令著於官府，刑罰必於民心，賞存乎愼法，而罰加乎姦令者也，此臣之所師也。君無術則弊於上，臣無法則亂於下，此不可一無，皆帝王之具也。

韓非法術分途，立法者是人主，執法者是羣臣，而行法的對象主要是老百姓。法是對士民賞罰的客觀標準，愼法者則賞，姦令者則罰。故必編著於圖籍，設之於官府，而布之於百姓，務求顯明周知，一體遵照。至於術，則直接由人主操執，其對象爲羣臣。如因任授官，循名責實，操殺生之柄，課羣臣之能，都是人主用術的範圍。故術是人主用以潛御羣臣的。這必須藏於胸中，深不可測，所謂術不欲見是也。

人主因人情之好惡而行賞罰，爲什麼要立法呢？爲什麼賞罰必須依人主所定的客觀標準，而不能用執法者的主觀智能呢？這由於智能單道，不可傳於人。而天下愚不肖者多，賢智者少，若爲治必賴主觀的智能，則必亂多而治少，此其一。又人的主觀智能，常受一時的喜怒愛惡所影響，以至「喜則譽小人，賢不肖俱賞，怒則毀君子，使伯夷與盜跖俱等。」（用人）如善者不必賞，惡者不必罰，則雖慶賞而士民不勸，雖殺戮而姦人不恐，偶有幸中，差失必多，非萬全之計，此其二。又若用執法者的主觀智能行賞罰，則由人主一人行之呢？還是任用典成之吏，司法之臣呢？若用人主一人之智能行賞罰，則「人主而身察百官，則日不足，力不給。」（有度）且視強則目不明，聽甚則耳不聰，思慮過度則智識亂，爲人主而勞心傷神如此，亦沒有什麼可貴了。故韓非雖主張獨斷，卻力禁人主用一己之智能，而須行愛嗇之道。然而，若任羣臣的主觀智能行賞罰，人臣便可以樹立私威私恩。而「人主者，以刑德制臣者也，今君人者釋其刑德，而使臣用之，則君反制於臣矣。」（二柄）這在以鞏固君權爲要務的韓非來說，當然是絕不容許的。此其三。故人君立爲賞罰之法，編著於圖籍，設之於官府，而布之於百姓，使羣臣有所師法，百姓知所遵循，一令通傳，便可以綱舉目張，如是浮萌趨於耕農，游士危於戰陣，人主不費精神，便可以無爲而治，而收富國強兵之效，這是韓非爲人主安排的一個如意算盤。飾邪篇云：

鏡執清而無事，美惡從而比焉，衡執正而無事，輕重從而載焉。夫搖鏡則不得爲明，搖衡則不得爲正，法之謂也。（陳奇猷韓非子集釋謂法上有「無常」二字）故先王以道爲常，以法爲本，本治者名尊，本亂者名絕。凡智能明通，有以則行，無以則止。故智能單道，不可傳於人。而道法萬全，智能多失。夫懸衡而知平，設規而知圓，萬全之道也。

韓非之法，雖由人主訂立，但仍有客觀的意義，乃由於人主在立法以後，即不用主觀之好惡行賞罰，亦不隨便變更。若隨便變更法令，便是搖鏡搖衡之類，必不得明正。這和喜則譽小人，怒則毀君子一樣，終於引致雖慶賞而士民不勸，雖殺戮而姦人不恐的後果，完全失去立法的意義。因此韓非在定法篇批評申不害徒術而無法之弊曰：

申不害，韓昭侯之佐也，韓者，晉之別國也。晉之故法未息，而韓之新法又生，先君之令未收，而後君之令又下。申不害不擅其法，不一其憲令，則姦多。故利在故法前令則道之，利在新法後令則道之。故新相反，前後相悖，則申不害雖十使昭侯用術，而姦臣猶有所譎其辭矣。故託萬乘之勁韓，七十年而不至於霸王者，雖用術於上，法不勤飾於官之患也。

「法莫如一而固，使民知之」（五蠹）這是用法的原則。若朝令夕改，則良民無所適從，姦民反可以乘其弊了。賞罰之法，不但在應用的時效上有它的恒常性，而且在應用之廣度上亦有它的普遍性。有度篇云：

法不阿貴，繩不撓曲，法之所加，智者弗能辭，勇者弗敢爭，刑過不避大臣，賞善不遺匹夫。故矯上之失，詰下之邪，治亂決繆，絀羡齊非，一民之軌莫如法。屬官威民，退淫殆，止詐僞莫如刑。刑重則不敢以貴易賤，法審則上尊而不侵。上尊而不侵則主強而守要，故先王貴而傳之。

人主之法，既有恒常性與普遍性，則其有客觀的意義可知。至於韓非用法，除賞所當賞，罰所當罰外，還強調賞厚而信，刑重而必。他說：「賞莫如厚而信，使民利之，罰莫如重而必，使民畏之。」（五蠹）因爲賞不厚則不足以勸善，罰不重則不足以止惡。制分篇云：

法重者得人情，禁輕者失事實。且夫死力者，民之所有者也，情莫不出其死力以致其所欲。而好惡者，上之所制也。民者好利祿而惡刑罰，上掌好惡以御民力，事實不宜失矣。然而禁輕事失者，刑賞失也。

內儲說上又云：

子產相鄭，病將死，謂游吉曰，我死後，子必用鄭，必以嚴莅人。夫火形嚴，故人鮮灼，水形懦，故人多溺，子必嚴子之刑，無令溺子之懦。子產死，游吉不忍行嚴刑，鄭少年相率爲盜。……殷之法，棄灰於公道者，斷其手。子貢曰，棄灰之罪輕，斷其手之罰重，古人何太毅也。曰：無棄灰，所易也，斷手，所惡也，行所易，不關所惡，古人

以爲易，故行之。

民好利祿而惡刑罰，上欲人民守法聽令，出力賣命，便當行厚賞重罰，才不失事實人情。若賞厚而不信，刑重而不必，爲善者不必賞，爲惡者不必罰，則賞罰雖厚重，爲善者猶有怨望之心，爲惡者仍存僥倖之意，便不足以勸善止惡。必須做到賞厚而信，刑重而必的地步，才能令則行，禁則止。內儲說上云：

荆南之地，麗水之中生金。人多竊采金。采金之禁，得而輒辜磔於市甚眾，壅離其水也。而人竊金不止。夫罪莫重辜磔於市，猶不止者，不必得也。故今有於此曰，予汝天下而殺汝身，庸人不爲也。夫有天下，大利也，猶不爲者，知必死。故不必得也，則雖辜磔，竊金不止，知必死，則天下不爲也。

可見人主用法，於厚賞重罰之外，仍須必定信實，不可反覆無常。故曰：「小信成則大信立。故明主積於信，賞罰不信則禁令不行。」（外儲說左上）但韓非之法，雖說賞罰並用，實則重嚴刑而不重厚賞。因爲一國之中，畢竟愼法之民多，姦令之民少，若凡守法聽令者皆一一賞賜，則賞不勝賞。由於人主之爵祿有限，而人之貪求無厭，故與其對守法聽令者行賞，不如對違法姦令者施罰，故心度篇云：

聖人之治民，度於本，不從其欲，期於利民而已，故其與之刑，非所以惡民，愛之本也。刑勝而民靜，賞繁而姦生。故治民者，刑勝，治之首也，賞繁，亂之本也。

飭令篇又云：

重刑少賞，上愛民，民死賞。多賞輕刑，上不愛民，民不死賞。

韓非旣以刑勝而民靜，爲治之首；賞繁而姦生，爲亂之本。故主張重刑少賞，反對多賞輕刑，而有所謂「刑當無多，不當無少」（難二）之說。此外又有以刑去刑和以刑致刑之論。飭令篇云：

行刑重其輕者，輕者不至，重者不來，此謂以刑去刑。罪重而刑輕，刑輕則事生，此謂以刑致刑，其國必削。

韓非旣主張嚴刑重罰，以刑去刑，更廣設司察姦人之法，令其互相監視。同里有罪，若加以告發則賞，不加告發則坐以相同之罪。制分篇云：

是故夫至治之國，善以止姦爲務，是何也？其法通乎人情，關乎治理也。然則微姦之法奈何？（據孫詒讓校正）其務令相闚其情也。然則使相闚奈何？曰：蓋里相坐而已。（王先愼曰：同里有罪，罪必相坐。）禁尙有連於已者，理不得相闚，（顧廣圻曰：理當作里。）惟恐不得免。有姦心者，不令得忘，闚者多也。如此則愼已而闚彼。發姦之密，告過者免罪受賞；失姦者，必誅連刑。（王先謙曰：誅則必，刑則連。）如此，則姦類發矣。姦不容細，私告任坐使然也。（王先愼曰：任，保也。同里相保之人則坐之，故曰任坐。）

五　操無爲之術

韓非在任賞罰之法以外，還要操無爲之術。因爲賞罰之法，只是因人情之好惡，示天下以利害之所在，以用民之力，致民之死，而達致富國強兵的途徑。但徒法不能以自行，人主雖不信任羣臣，亦不得不用典成之吏，執行賞罰之法。既要借重羣臣，便不能無術以知姦，否則徒以其富強資益人臣而已。故定法篇云：

公孫鞅之治秦也，設告坐而責其實，連什伍而同其罪，賞厚而信，刑重而必，是以其民用力勞而不休，逐敵危而不卻，故其國富而兵強。然而無術以知姦，則以其富強也資人臣而已矣。

可見術爲人主操執之主觀運用原則，目的在探知羣臣的姦情。而法則爲羣臣師守之客觀賞罰標準，目的在致百姓的死力。主用術，故不弊於上，官行法，故不亂於下。故法術乃人主之大物，不可以一無，皆帝王之具也。

晚周學術，以儒道爲主，儒家尙剛健，重道德實踐，直道而行，率性而動，義之所在，不避刀斧，決不枉尺直尋，遷就現實；行一不義，殺一無辜，而得天下，不爲也；不義而富且貴，於我如浮雲。如是乃謂士不可以不弘毅，任重道遠，死而後已。其所抱負之人生理想與文化理想極高，故教化性特強。漢書藝文志說儒家者流，蓋出於司徒之官，助人君順陰陽，明教化，這是很對的。道家尙柔順，重因應事實，對現實人生與客觀事理的體察較深。老子之虛無服從道理，不敢爲天下先，固不必說；卽莊子的依乎天理，因其固然，一龍一蛇，無肯專爲，亦無不因應客觀事實，以求遂其人生目的，非復謂直道而行，率性而動爲已足。故道家與儒家相對而言，較能把握客觀規律，隨順事實，因應物理，其現實性較強，因而亦較適用於現實政治。此所以漢書藝文志謂道家者流，蓋出於史官，乃人君南面之術也。

史稱韓非喜刑名法術之學，而歸本於黃老，史記且以老聃申韓同傳。而韓非書中，歷記成敗存亡禍福古今之道，其言近於史，又有解老喩老兩篇，可見其受老子影響至深。

韓非的君術、主道，是從老子虛靜無爲之道中蛻變過來的。老子從宇宙人生之成敗存亡禍福古今之道中，體會出一個動用的原則來，由於這個原則與物相反，故顯得微妙玄遠，深不可識。比方萬物都求高貴，但作爲動用原則的道，卻要我們居於下賤之地。高貴就是有，下賤就是無。有之以爲利，這是人人都懂得的，但無之以爲用，便被下士所譏笑。他們不曉得正復爲奇，善復爲妖；反者道之動，弱者道之用的道理，故終生求福只得禍，終生求善只得妖，這實在是很值得悲憫的。但老子只說反者弱者爲道之動用原則，亦卽只是道的方法與途徑，而沒有說反者弱者是道的目的。至於你願不願意永遠居於反者弱者的地位，把反者弱者作爲你人生的目的和究竟的價值去追求，則可以有你的自由。因爲老子之道，可以只是個客觀規律。所謂道法自然，就是說這個道是取法於人情、物理、事勢的。它本身是價值中立，近乎中性的東西。如果你把它收進來，作爲人生的目的，則清靜無爲，便成爲一個人生價值。這樣，老子之道，便可以不止是個動用的原則，更可使你達致像老子般清靜慈祥的境地。但韓非沒有老子的襟懷與心地，他採用老子之道，是要滿足人君無窮的私欲。因此老子這近乎中性的道，經韓非一轉手，便變成完全爲人主利欲之私服務的主道。但老子之道，畢竟是自然之道，是一些客觀的規律，人主要以此爲動用的原則，去達成他的私欲，還是要在一定程度內，對自己一時的好惡忍耐抑制。因此人主之術，必須虛靜無爲而服從道理。去除一切主觀的意見與做作，而服從客觀的理法與規律。

韓非既認爲人性本惡，君臣之分，非有骨肉之親，凡臣可以得利者，則盡力以事其主，不可以得利，則不惜行私犯上。而人君之位，是一切利欲權勢之所在，人臣無不環伺其下，有機可乘，便行篡弑之事。不然，亦必窺探人主的好惡，投其所好，以取高官厚祿。故人主之道，務在周密，要謹其閉、固其門、掩其情、匿其端、去好去惡、深藏不露，而有謹廩之喻。外儲說右上云：

> 齊宣王問弋於唐易子曰：弋者奚貴？唐易子曰：在於謹廩。王曰：何謂謹廩？對曰：鳥以數十目視人，人以二目視鳥，奈何其不謹廩也，故曰在於謹廩也。王曰：然則爲天下何以異此廩？今人主以二目視一國，一國以萬目視人主，將何以自爲廩乎？對曰：鄭長者有言曰：夫虛靜無爲而無見也，其可以爲此廩乎。

主道篇云：

君無見其所欲。君見其所欲，臣將自雕琢。君無見其意，君見其意，臣將自表異。故曰：去好去惡，臣乃見素，去舊去智，臣乃自備。……道在不可見，用在不可知，虛靜無事，以闇見疵。……掩其迹，匿其端，下不能原；去其智，絕其能，下不能意。……不謹其閉，不固其門，虎乃將存；不愼其事，不掩其情，賊乃將生。

二柄篇云：

故越王好勇而民多輕死。楚王好細腰而國中多餓人。齊桓公妬而好內，故豎刁自宮以治內；好味，易牙函其子首而進之。燕子噲好賢，故子之明不受國。故君見惡則羣臣匿端，君見好則羣臣誣能；人主欲見，則羣臣之情態得其資矣。故子之託於賢以奪其君者也，豎刁、易牙因君之欲以侵其君者也。其卒子噲以亂死，桓公蟲流出戶而不葬。此其故何也？人君之情借臣之患也。人臣之情非必能愛其君也，爲重利之故也，今人主不掩其情，不匿其端，而使人臣有緣以侵其主，則羣臣爲子之、田常不難矣。故曰去好去惡，羣臣見素。羣臣見素，則大君不蔽矣。

人主若能虛靜無爲，去好去惡，使羣臣無所因緣，無所假借，而居於不測之地，則羣臣只好老老實實，各盡一己之智能。如是人君便可因羣臣的表現，以其言，授其事，以其事，責其功，參合形名，以行賞罰。有功則君有其賢，有過則臣任其罪。此卽韓非所謂賢主之經也。主道篇云：

道者，萬物之始，是非之紀也，是以明君守始，以知萬物之源，治紀，以知善敗之端。故虛靜以待令，令名自命也，令事自定也。虛則知實之情，靜則知動者正。（兪樾曰：下知字當作爲。）有言者自爲名，有事者自爲形，形名參同，君乃無事焉。……故有智而不以慮，使萬物知其處；有行而不以賢，觀臣下之所因；有勇而不以怒，使羣臣盡其武。是故去智而有明，去賢而有功，去勇而有強，羣臣守職，百官有常，因能而使之，是謂習常。故曰寂乎其無位而處，漻乎莫得其所。明君無爲於上，羣臣竦懼乎下。明君之道，使智者盡其慮，而君因以斷事，故君不窮於智。賢者敕其材，君因而任之，故君不窮於能。有功則君有其賢，有過則臣任其罪，故君不窮於名。是故不賢而爲賢者師，不智而爲智者正，臣有其勞，君有其成功，此之謂賢主之經也。……人主之道，靜退以爲寶；不自操事，而知拙與巧，不自計慮，而知福與咎；是以不言而善應，不約而善增，言已應則執其契，事已增則操其符，（兪樾曰：兩增字疑皆會字之誤。）符契之所合，賞罰之所生也。故羣臣陳其言，君以其言授其事，事以責其功。功當其事，事當其言則賞，功不當其事，事不當其言則誅。

姦劫弒臣篇云：

不任其數而待目以爲明，所見者少矣，非不弊之術也。不固其勢而待耳以爲聰，所聞者寡矣，非不欺之道也。明主者，使天下不得不爲己視，使天下不得不爲己聽，故身在深宮之中，而明照四海之內。

揚權篇又云：

事在四方，要在中央，聖人執要，四方來效，虛之待之，彼自以之。………夫物者有所宜，材者有所施，各處其宜，故上下無爲。使雞司夜，令狸執鼠，皆用其能，上乃無事。上有所長，事乃不方。矜而好能，下之所欺。辯惠好生，下因其材。上下易用，國故不治。用一之道，以名爲首，名正物定，名倚物徙，故聖人執一以靜，使名自命，令事自定，不見其采，下故素正。因而任之，使自事之，因而予之，使將自舉之，正與處之，使皆自定之。

韓非爲形名法術之家，形、實也，或作刑。人主之虛靜無爲，在因任羣臣之有爲。令名自命，令事自定，形名參同，而行賞罰。或以爲羣臣因陳其言才會自命其名，自定其事，因陳言不當，名不符實才會受誅罰，若果尸位素餐，濫竽充數，豈不是就沒有誅罰之患了嗎？但韓非早已看出這個漏洞，故曰：「主道者，使人臣有必言之責，又有不言之責。言無端末，辯無所驗者，此言之責也。以不言避責持重位者，此不言之責也。」（南面）如是人臣便不能不悚懼於下，各盡其才了。

韓非因任之道，貴乎取法自然，如使雞司晨，令狸執鼠，行其所無事，這是最理想的，韓非稱之爲上下無爲。但這裏所說臣下之無爲，與主道的無爲不同。臣下的無爲，乃指物有所宜，材有所施，各處其宜，各盡所能而言。實則君操其名，臣效其形，君有其功，臣有其勞，便合乎虛靜無爲之道。因爲韓非之虛靜無爲，本就人主而言。要在中央，事在四方，人主秉要執本，便要虛靜無爲，但羣臣決不能與人主同樣無爲。因爲君之於羣臣，猶道之於萬物，這是絕對不能相同的，如果上下無別，便是亂亡之道。故揚權篇又云：

道不同於萬物，德不同於陰陽，衡不同於輕重，繩不同於出入，和不同於燥濕，君不同於羣臣，凡此六者，道之出也。道無雙，故曰一，是故明君貴獨道之容。君臣不同道，下以名禱。君操其名，臣效其形，形名參同，上下和調也。

至於更具體的人主之術，據內儲說上篇所載，有以下七術：

一、眾端參觀：人主聽言之術，必須參考眾端，誠信才能上達，若爲門戶所限，便容易被壅塞。故八經篇曰：「聽言不參，則權分乎姦。」又曰：「參言以知其誠。」但所謂參觀眾端，固然有不可偏聽一人的意思，但亦不是說言之者眾，便一定可靠。像衞靈公蔽於彌子瑕，叔孫蔽於豎牛，便是偏聽一人之弊。但魯哀公雖與魯國之羣臣相謀，結果魯國仍不免於亂，這是由於羣臣千口同聲，均以季氏的利害爲利害，因此人數雖眾，所言者實一人而已。人主應知，凡有謀慮，必因事情有可疑之處。若可疑者眞是可疑，必有一半人以爲可，一半人以爲不可，若一國人盡以爲可，便亡失了以爲不可的一半，此必人主已被刼持，而大盜得遂成簒弒的事了。可見人主聽言，亦不可以多爲貴，所謂三人市虎，皆爲誤聽眾人言說之弊。此外像荊國之俗，曰：君子不蔽人之美，不言人之惡。如是境內皆報喜而不報憂，結果荆國便有白公之亂，人臣也沒有不言之責了。這都是未能眞正做到衆端參觀之弊。

二、必罰明威：慈愛太多則法不立，威嚴不足則下侵上，刑罰不必則禁令不行。像齊王太仁於薛公，縱之驕奢，結果失威於大臣；太不忍於諸田，結果父兄犯法，這都是過於慈惠仁愛之弊。因爲仁慈不忍，則不誅有過，惠而好施，則賞不待功。有過不罪，無功受賞，便是亂亡之道。故董閼于行石邑山中，見深澗峭如牆，深百仞，成人、嬰兒、盲聾狂悖之人、牛馬犬彘之屬，皆不敢近。乃喟然嘆曰：「使吾法之無赦，猶入澗之必死也，則人莫之敢犯也，何爲不治？」由此，韓非主張刑重而必，以刑去刑。

三、信賞盡能：慶賞榮譽微薄而又無信，則臣民不爲所用，慶賞榮譽厚重而信實，臣民才會爲人君赴湯蹈火，萬死不辭。故越王勾踐賞在火，則民赴火，賞在水，則民赴水，賞在兵，則民絕頭刳腹而無顧心。李悝欲人善射，下令曰，凡爭訟者，令之射的，中之者勝，不中者負。令下而人皆習射，日夜不休，及與秦人戰，大敗之。此皆重賞之故。但正如刑要重而必一樣，賞亦要厚而信，故吳起爲西河之守，必先徙木示信，然後士民用命。

四、一聽責下：此說原文解作「一聽則愚智不分，責下則人臣不參」，上句是說一聽的弊害，下句是說責下的好處，卽謂人主聽言，不應一聽，而應責下。但作這樣解釋，文氣不順，且與其他六術之操詞不類。故「一聽則愚智不分」一句，應校正爲「不一聽則愚智不分」。因八經篇有云：「一聽而公會。聽不一則後悖於前，後悖於前則愚智不分。不公會則猶豫而不斷，不斷則事留。」故所謂一聽責下，有兩個意思，其一是說人主聽言之術，於參觀眾端之外，仍須一一分而聽之，然後循名責實，則人臣不得蒙混參雜。故不一聽則南郭處士可以濫竽充數，一一分而聽之，則處士逃。其二是說：「明主之道，臣不得兩諫，必任其一。」（八經）因爲人臣獻諫，爲了逃避言責，常陳前後相悖的兩可之言，使人君自取其一，事成，則謂人臣獻議之功，事敗，則謂人君自取，人臣便可以免罪。像三國之兵至函谷，秦王欲割河東講和，召公子汜而問，公子汜對曰：王今割河東而罷三國之兵，三國既去，而以三城送之，必悔。若不講和，三國之兵入函谷，則咸陽必危。王必大悔。故王講和亦悔，不講和亦悔。秦王因此自取其一，決定講和。這便未能一聽責下，反而墮入人臣谿壑之中了。

五、疑詔詭使：懸疑地詔見，詭譎地任使，則臣下不敢隱情，而姦邪卽可消散，此卽八經篇所謂「詭使以絕黷泄」。像龐敬差遣一班人到市場去，突然召一人回來，與之並立須臾，沒有什麼吩咐，便叫他趕回隊裏去。其他的人以爲龐敬一定對這人有什麼指示和吩咐，因而互相猜疑，結果便不敢做姦詐的事了。故人君數次接見一個臣子，雖然對他久待而不任用，但外人以此人爲人君的心腹親信，必不敢在他面前作姦犯科。這叫做疑詔。像商太宰使人探知市南門之外牛車甚眾，因召市吏責問：市門之外，何以多牛屎？市吏驚太宰之明察，悚懼不已，這便叫做詭使。

六、挾知而問：人主挾己所知而有所問，則雖不知的也能知。若對一件事物能深切知悉，則一切隱伏的事物都會顯露出來，此卽八經篇所謂「握明以問所闇」。像韓昭侯握爪，詐說亡失一爪，搜求甚急，左右有自割其爪而效命領功的，昭侯因此便知悉左右的不誠實。西門豹爲鄴令，佯稱失去車轄，令吏求之不能得，於是自己使人去找，一下子便找出來了，於是眾皆悚懼，以爲神明。這都是挾知而問的例證。

七、倒言反事：或倒其言，或反其事，以試所疑，則姦情可得，此卽八經篇所謂「倒言以嘗所疑，論反以得陰姦」。陽山君相韓，聞說韓王懷疑他，但未能證實，便故意誹謗韓王所親愛的樛豎，使他在激憤中把事實說了出來。又子之相燕，一日，忽對左右詐說：爲什麼有一隻白馬走出門呢？左右都說沒有見到白馬，只有一人追出去，回報眞有其事，子之因此知道左右的不誠信。又有互相爭訟的人，子產把他們分隔開，然後加以訊問，顚倒了他們的話而彼此相告，便探知他們的情實。

人主之術，除以上七術外，尚有所謂任典成之吏，察參伍之政，重言以懼遠使，舉往以知其前，卽邇以知其內，疏置以知其外，宣聞以通未見，作鬭以散朋黨，陰使以循省衰，漸更以離通比等，今不及詳。

六　乘必勝之勢

「勢者，勝眾之資也。」—（八經）指生殺予奪的權柄而言。人主所以能令則行、禁則止，除因好惡之情，任賞罰之法，操無爲之術外，更因爲他能乘必勝之勢。人情好利惡害，這是君臣所同。而人君操術以御下，人臣操術以窺上，其能操術，又是君臣所同。然則爲什麼人君能以賞罰驅策羣臣，羣臣不能以賞罰驅策人君呢？此卽因人主有勢位足恃的原故。其勢在我，因之以人情，任之以法術，便可令行禁止。

韓非論勢，主要見於難勢篇，篇中反復辯難，文義比較複雜，故解者多未能暢達。實則全篇共分三大段，首段述愼子之言，次段述難者之辭，末段明韓非對愼子重勢觀點加以辯護之意。今按各段文義，說明韓非言勢的大意如下：

> 愼子曰：飛龍乘雲，騰蛇遊霧，雲罷霧霽，而龍蛇與螾螘同矣，則失其所乘也。賢人而詘於不肖者，則權輕位卑也，不肖而能服於賢者，則權重位尊也。堯爲匹夫，不能治三人，而桀爲天子，能亂天下，吾以此知勢位之足恃，而賢智之不足慕也。

以上爲首段大要，愼子以龍蛇螾螘比喻賢不肖（螾螘卽蚓蟻），以雲霧之有無，比喻權位之輕重，來說明勢位之足恃，而賢智之不足慕。但難者首先就龍蛇螾螘之喻，說明專任勢而不用賢，亦不足爲治。因龍蛇所以能藉雲霧之勢而乘遊者，乃因龍蛇之材美，而螾螘所以有盛雲醲霧而不能乘遊者，乃因螾螘之材薄。此猶堯能乘天子之勢而天下治，桀雖有天子之勢而天下亂。堯之勢與桀之勢並無不同，而結果一治一亂，可見爲治不能專任勢而不任賢。勢與賢應該並重，這是難者的第一個論點。故云：

應愼子曰：飛龍乘雲，騰蛇遊霧，吾不以龍蛇爲不託於雲霧之勢也。雖然，夫釋賢而專任勢，足以爲治乎？則吾未得見也。夫有雲霧之勢而能乘遊之者，龍蛇之材美也。今雲盛而螾弗能乘也，霧醲而螘不能遊也。夫有盛雲醲霧之勢而不能乘遊者，螾螘之材薄也。今桀紂南面而王天下，以天子之威爲之雲霧，而天下不免乎大亂者，桀紂之材薄也。且其人以堯之勢以治天下也，其勢何以異桀之勢也亂天下者也。

難者的第二個論點是說：賢者用勢則治，不肖者用勢則亂，勢之於治亂，本無定位，而天下之賢者寡而不肖者眾，若專任勢而不任賢，猶爲虎傅翼，結果必亂天下多，而治天下少。對天下之平治，不但無益，而又害之。故曰：

夫勢者，非能必使賢者用己，而不肖者不用己也。賢者用之則天下治，不肖者用之則天下亂。人之情性，賢者寡而不肖者眾，而以威勢之利，濟亂世之不肖人，則是以勢亂天下者多矣，以勢治天下者寡矣。夫勢者，便治而利亂者也。故周書曰：毋爲虎傅翼，將飛入人邑，擇人而食之。……勢之於治亂，本末有位也。（顧廣圻曰：末當作未。）而語專言勢之足以治天下者，則其智之所至者淺矣。夫良馬固車，使臧獲御之，則爲人笑，王良御之，而日取千里，車馬非異也，或至乎千里，或爲人笑，則巧拙相去遠矣。今以國爲車，以勢爲馬，以號令爲轡，以刑罰爲鞭筴，使堯舜御之則天下治，桀紂御之則天下亂，則賢不肖相去遠矣。夫欲追速致遠，不知任王良，欲進利除害，不知任賢能，此則不知類之患也。夫堯舜亦治民之王良也。

難者反對愼子的兩個論點，持論均頗爲堅強，但韓非一一爲之辯護。難者的第一個論點，認爲應賢勢並重，不能專任勢而不任賢，若謂專任勢可以致治，則堯之勢猶桀之勢，爲什麼堯得之而治，桀得之而亂呢？韓非對此亦不能致答，只好承認難者之言。不過他卻認爲勢有兩種，一爲自然之勢，一爲人所得而設之勢。所謂自然之勢，卽必然之勢，卽勢治者不可亂，勢亂者不可治之勢。此勢之所以必治或必亂，乃因用勢者爲堯舜或桀紂所致。堯舜得勢必治，雖有十桀紂不能亂；桀紂得勢必亂，雖有十堯舜不能治，這便非人之所得而設，這便叫做必然之勢，自然之勢。從這觀點言勢，是把客觀的勢位，與居勢位者之爲極賢或極不肖合起來說的。若主觀的極賢，與客觀的極勢結合，其勢便必然治。若主觀的極不肖，與客觀的極勢結合，其勢便必然亂。治亂繫於在勢位者之爲極賢或極不肖上。若勢治，縱有居下位之十堯舜，亦不能改變必亂的情勢；若勢亂，縱有居下位的十桀紂，亦不能改變必治的情勢。故在位者之爲極賢或極不肖，對治亂便大有關係。如是則任勢之外，仍當任賢，亦不爲無理。這是韓非不能不對難者讓步的。但韓非認爲言勢不應從自然之勢上說，若從自然之勢上說，便不用言勢了。因此他從人所得而設之勢上說勢，不接受賢勢並重的觀點。在韓非看來，賢勢是互相矛盾的，因賢是勢所不可禁的，勢是無不禁的，故任賢便不能任勢，任勢便不能任賢。他說：

復應之曰，其人以勢爲足恃以治官，客曰必待賢乃治，則不然矣。夫勢者，名一而變無數者也。勢必於自然，則無爲言於勢矣。吾所爲言勢者，言人之所設也。今曰堯舜得勢則治，桀紂得勢而亂，吾非以堯舜爲不然也。雖然，非一人之所得設也。夫堯舜生而在上位，雖有十桀紂不能亂者，則勢治也。桀紂亦生而在上位，雖有十堯舜而亦不能治，則勢亂也。故曰：勢治者則不可亂，而勢亂者則不可治也。此自然之勢也，非人之所得設也。若吾所言，謂人之所得設也而已矣，（據俞樾校改）賢何事焉。何以明其然也？客曰：人有鬻矛與楯者，譽其楯之堅，物莫能陷也。俄而又譽其矛曰：吾矛之利，物無不陷也。人應之曰：以子之矛，陷子之楯，何如？其人弗能應也。以爲不可陷之楯，與無不陷之矛，爲名不可兩立也。夫賢之爲勢不可禁，而勢之爲道也無不禁，以不可禁之賢，與無不禁之勢，（據顧廣圻校補）此矛盾之說也。夫賢勢之不相容亦明矣。

以上爲韓非反對從極賢或極不肖來論說賢勢並重之說。以下韓非卽從人之所得而設之勢言勢，反駁難者謂專任勢則亂多治少之說。韓非所謂人之所得而設之勢，不對堯舜桀紂而言，而是對上不及堯舜，下不爲桀紂的中人而言。堯舜居上位，卽使有十桀紂在下位，亦治。桀紂居上位，卽使有十堯舜在下位，亦亂。這樣的必治必亂，卽所謂自然之勢。但人所得而設之勢，是指中人而言。中人若抱法處勢則治，背法去勢則亂，可見治亂可由人的施設而定。故從自然之勢說，便當尙賢，但從人所得而設之勢說，便當任勢。因爲自然之勢中的治亂繫於賢不肖的德力與智能，人所得而設之勢中的治亂繫於中人的抱法處勢抑或背法棄勢。難者認爲世之賢者寡而不肖者眾，而韓非則認爲賢不肖都是很少的，堯舜桀紂千世一出，已經算是很頻密了，而世之治者，上不及堯舜，下不爲桀紂的中人，則源源不絕。若廢勢背法，待堯舜而治，則是千世亂而一治，若抱法處勢，待桀紂而亂，則是千世治而一亂，可見任賢與任勢，其得失相去極遠。若謂不任堯舜之賢，便必任桀紂之不肖，等如說世之御者，不是王良，便是臧獲，世之食味，若非飴蜜，便是苦菜，這都是離理失術的極端之論，而韓非任法用勢，主要著眼於兩極端的中間，緊守他用眾捨寡的原則。所以他說：

> 且夫堯舜桀紂，千世而一出，是比肩隨踵而生也。世之治者不絕於中。吾所以爲言勢者，中也。中者，上不及堯舜，而下亦不爲桀紂，抱法處勢則治，背法去勢則亂。今廢勢背法而待堯舜，堯舜至乃治，是千世亂而一治也。抱法處勢而待桀紂，桀紂至乃亂，是千世治而一亂也。且夫治千而亂一，與治一而亂千，是猶乘驥駬而分馳也，相去亦遠矣。夫棄隱栝之法，去度量之數，使奚仲爲車，不能成一輪；無慶賞之勸，刑罰之威，釋勢委法，堯舜戶說而人辯之，不能治三家。夫勢之足用亦明矣，而曰必待賢，則亦不然矣。……夫良馬固車，五十里而一置，使中手御之，追速致遠，可以及也，而千里可日致也，何必待古之王良乎？且御非使王良也，則必使臧獲敗之，治非使堯舜也，則必使桀紂亂之，此味非飴蜜也，必苦菜亭歷也，此則積辯累辭，離理失術，兩未之議也，

奚可以難夫道理之言乎哉？客議未及此論也。

七　用獨斷之治

韓非在權力鬪爭到了白熱化的歷史階段，爲人主設計出一套富國強兵之法，尊主安君之術，以求服四隣諸侯，而成霸王之名。其中最重要的一點，是要人主牢牢地掌握着一切統治權力。在權力政治中，掌握着權力的人和被權力統治着的人，必然是互相矛盾的。何況韓非主性惡，認爲人的情性，唯利是視，君臣之間的利害矛盾是非常尖銳的。內儲說下云：「君臣之利異，故人臣莫忠。故臣利立而主利滅。」既然君臣異利，人君便要有君臣不同道的自覺。故主道篇云：

道不同於萬物，德不同於陰陽，衡不同於輕重，繩不同於出入，和不同於燥濕，君不同於羣臣。凡此六者，道之出也。道無雙，故曰一。是故明君貴獨道之容。

外儲說右上篇亦云：

明主之道，在申子之勸獨斷也。……申子曰：獨視者謂明，獨聽者謂聰，能獨斷者，故可以爲天下主。

獨斷之道，務在周密，使其行制如天，用人如鬼，藏於不測之中，則人畏之如神明。因此主道利於獨斷獨擅而忌共權共勢。若上下同道，上下無別，便無異太阿倒持，授人以柄，如此，則人主身死國亡，也沒有什麼稀奇了。故難三篇云：

爲君不能禁下而自禁者謂之劫，不能飾下而自飾者謂之亂，不能節下而自節者謂之貧。

外儲說右下云：

賞罰共，（王先愼曰：令臣操之，故曰共也。）則禁令不行。……王良造父，天下之善御者也，然而使王良操左革而叱咤之，使造父操右革而鞭笞之，馬不能行十里，共故也。田連成竅，天下善鼓琴者也，然而田連鼓上，成竅擫下，而不能成曲，亦共故也。夫以王良造父之巧，共轡而御，不能使馬，人主安能與其臣共權以爲治？以田連成竅之巧，共琴而不能成曲，人主又安能與其臣共勢以成功乎？

又云：

司城子罕謂宋君曰：慶賞賜與，民之所喜也，君自行之；殺戮誅罰，民之所惡也，臣請當之。宋君曰諾。於是出威令，誅大臣，君曰：問子罕也。於是大臣畏之，細民歸之。處期年，子罕殺宋君而奪政。

在古代政治思想中，君臣是同道的，而且人君總要做人民的表率，以身作則。韓非不但以爲君臣不能同道，而且認爲君臣同道是劫弒貧亂的淵藪。故人君根本無同志可言，他主要是依恃勢位去禁下、飾下、節下，而不必自禁自飾自節。至於一切生殺之柄，賞罰之權，更不能假借羣臣，而且要對臣下時刻加以防範。據八姦篇所載，認爲人主最容易爲人臣所乘以成其私者有八：

一曰同床，此指貴夫人、愛孺子、便僻、好色而言。二曰在旁，此指優笑、侏儒、左右、近習而言。三曰父兄，此指側室、公子、大臣、廷吏而言。四曰養殃，此指宮室、台池、子女、狗馬而言。五曰民萌，此指散公財以說民人，行小惠以取百姓，使朝廷市井皆勸譽己以塞其主的人臣而言。六曰流行，此指求諸侯之辯士，養國中之能說者，使之以語其私，爲巧文之言，流行之辭，示之以利勢，懼之以患害，施屬虛辭，以懷其主的人臣而言。七曰威強，此指聚帶劍之客，養必死之士，以彰其威，明爲己者必利，不爲己者必死，以恐其羣臣百姓而行其私的人臣而言。八曰四方，此指重賦歛，盡府庫，虛其國以事大國，而用其威，求誘其君，甚者舉兵以聚邊境，而制歛於內的人臣而言。凡此八者，爲人臣所以成姦，世主所以被壅刼的原因。故人主必須獨擅一切，以免爲人臣所乘。主道篇云：

人主有五壅。臣閉其主曰壅，臣制財利曰壅，臣擅行令曰壅，臣得行義曰壅，臣得樹人曰壅。臣閉其主則主失位，臣制財利則主失德，臣擅行令則主失制，臣得行義則主失名，臣得樹人則主失黨。此人主之所以獨擅也，非人臣之所以得操也。

韓非既以人臣之忠不足信，夫婦之恩不足愛，父子之親不足恃，乃棄絕仁義忠愛之道，集大權於一身，成其獨斷之治。但人主終不能以一人獨制天下，於是乃制定賞罰之法，驅民於耕戰。但徒法不能以自行，故亦不得不任用羣臣。韓非任用臣下，目的是要他們順上之爲，從主之法，北面委質，無有二心。故有度篇云：

賢者之爲人臣，北面委質，無有二心。朝廷不敢辭賤，軍旅不敢辭難，順上之爲，從主之法，虛心以待令，而無是非也。故有口不以私言，有目不以私視，而上盡制之。

如是，人臣完全成爲人主執法的工具。人臣雖有智能，不得背法專制，一切只許從王之路，遵王之指，不得作威作福，作好作惡。其間雖因功受賞，而至爵尊官大，亦只能爲貴臣，而不能爲言聽力多的重臣。八說篇云：

明主之國，有貴臣，無重臣。貴臣者，爵尊而官大也。重臣者，言聽而力多者也。明主之國，遷官襲級，官爵受功，故有貴臣。言不度行，（王先愼曰：不當作必）而有僞必誅，故無重臣。

獨斷之主，爲了防止人臣朋黨相爲，譎主便私，以至國地削而私家富，主上卑而大臣重，應及早削除重臣，毋使木枝扶疏，害其根本。故揚權篇云：

爲人君者，數披其木，毋使木枝扶疏，將塞公閭，私門將實，公庭將虛，主將壅圍。數披其木，毋使木枝外拒。將逼主處，數披其木，枝大本小，將不勝春風。不勝春風，枝將害心。公子既眾，宗室憂吟。止之之道，數披其木，毋使枝茂。木數披，黨與乃離。掘其根本，木乃不神。

八 評語

韓非爲法家之集大成者，在歷史上居於反傳統的地位，其提倡法治，又與今天西方之民主法治形貌相似，故近人言法治，多有稱譽韓非的法治的。實則韓非法、術、勢並用，而特重主道、主術。在「主用術……官行法」（和氏）之中，好像是法術並重，實則這個法，只是主之法，姦刼弒臣篇所謂「上明主法」是也。故官行法，實卽主用術的一種變相，是人主欲專制天下，不許羣臣擅行賞罰，乃制定賞罰之法，責令羣臣依法執行，以驅策天下的一種帝王之具。法治在韓非的思想中，是人主無爲而治的必要手段。在虛靜無爲的主道主術中，便包括了法治在內，韓非稱之爲萬全之計，必然之道。故韓非之學，與其稱之爲法家，不如稱之爲術家，至少亦當稱之爲法術家。

韓非責令羣臣守法執法，雖然是人主治術之一，但就官行法的層面言，這種法治亦有其時效上的恒常性與廣度上的普遍性，因而這個賞罰之法，亦有客觀的意義。但這裏所說的客觀意義，依然是從人主的安利立場上予以肯定的。卽是說，人主要獨斷，必須行無爲之治，必須任賞罰之法。既任賞罰之法，便不能用人主一己一時的好惡去行賞罰，否則便會導致賞之不勸，罰之不畏的惡果，因而不但不能達致安利人主的目的，反而會危害人主。爲此，韓非才肯定任法時的客觀意義。但當客觀的法制，反過來危害了人主的時候，以尊主安君爲第一要務的韓非，還是要揚棄那個法治的。所以他在定法篇痛切抨擊公孫鞅徒法而無術之弊。可見韓非所訂立的客觀法制，並沒有肯定這些法制本身的客觀意義。這些法制之所以是有意義的，是由於它能達致尊主安君的目的才有意義，否則便沒有意義。官行法是行主之法，行主之法是爲了尊主安君，這當然不容許因爲官行法而危害了君主。可見韓非沒有眞正的法治觀念。究極地說，他的法治，是繫屬於人君的主體的，是繫屬於人君個人的利欲之私的。不過，既然賞罰之法是由人君制訂的，則這個法大體上是對人君的專政有利的。爲了動員士民，使之一體遵照，便不應朝令夕改。故在對人君有利的限度內，人君還是要盡量維護這個賞罰之法的，這便顯示出韓非任法的客觀意義。

因此，韓非的法治，在精神上是與近代西方民主制度下的法治背道而馳的。近代西方的民主法治，都是按照憲法組織起來的。憲法和普通法律不同，憲法的效力高於普通法律，普通法律是按照憲法的精神訂定的。故普通法律可以變，憲法則不能依一般程序加以改變。普通法律與憲法條文牴觸時，普通法律卽失其效力。憲法所以能成爲規定國家根本組織的法律，是因爲在憲法中列有基本人權的淸單，而近代民主政治的信念，認爲國家就是爲了維護這些基本人權而組織起來的。但韓非的賞罰之法是爲了維護君主的權利而建立的。所以韓非的法治與近代民主制度下的法治，不但形同實異，而且是背道而馳。

在古代德治的觀念下，近代民主制度中作爲權利主體的公民意識雖然還未產生，老百姓只在聖君賢相的仁德涵容之下，享有合理的自由。這種政治型態依然是教化性的，人民還沒有在客觀的政治制度中取得獨立的地位。對人君權力的限制只有憑藉道德的力量，而沒有法制的力量。但德治思想肯定人民是一個價値主體，肯定種種人生價値與文化價値，以保民安民爲政治第一目的，及提倡民貴君輕之說等，都是比較接近近代民主憲法的精神的。而法家則是君主至上的強權主義者，人民只被君主視爲實現其野心的工具，不許他們有自己的價値理想，甚至他們的生存權利也不被肯定。只要統治者認爲你是不令無益之民，便可以大加殺戮。所以人民都是無個性的，面目糢糊的，任人擺佈的被動存在，人主但求人民惇愨純信、守法聽令、敬上畏罪、聽吏從教、無私心二學、不亂說亂動，則卽使人民變得愚陋、怯懦、諂諛、不肖，也沒有什麼關係。因此，我們若要爲中國尋找建立民主制度的根據，是不能在法家那裏找的。

法家既然否定主體的價値，卻特別重視客體的價値。外儲說右上說：晉孟獻伯爲上卿，無二馬二輿，叔向以爲儉；苗賁皇則以爲晉國之法，規定上大夫二輿二乘，這不但是明等級，而且是備軍事；今獻伯爲上卿而沒有二馬二輿，亂晉國之政，乏不虞之備，只成就一己的私節私名，故大大以爲不可。苗賁皇的意見，代表了韓非的意見。重視成就客觀的價値，這是無可厚非的。任何禮法，一經制定以後，都有其客觀的規範性，個人不能再隨便改易。個人爲了成就客觀的政教，便當克己復禮，不能任性妄爲。因此，孟獻伯的儉，導致亂晉國之政，乏不虞之備的後果，從成就客觀政教的立場着眼，這當然是不對的。但從客觀政教的觀點看不對，未必從其他觀點看都不對。正如孟獻伯的儉，很可能從個人道德修養的立場看是很對的。政治不是人生的全部，一個自由的社會，應該在肯定政治觀點的同時，容許許多不同的價值觀點存在，不能只許有政治的價值觀點，不許有其他的價值觀點。因此，孟獻伯儘管在政治上可以受到懲罰，但仍可讓他在其他觀點上獲得贊譽。正如史記伯夷列傳、儒林列傳、游俠列傳、貨殖列傳中所寫的人物，都是韓非所謂恬淡隱逸之士，貪利游惰之民，而儒以文亂法，俠以武犯禁，均爲韓非偏狹的政治觀點所不容；但在我們今天看來，這些人物，砥礪志行，振奮人心，其對歷史文化的價值，正不下於法術之士。因此，若爲了其他價值標準的存在，會影響現實政治上價值標準的權威性，妨碍政令的推行，因而實行政治掛帥，以法爲敎，以吏爲師，消滅一切政治以外的其他價值觀點，專意形成一個清一色的天下，這或者可以便利於一時，但由於這種偏狹的價值觀點，逼使天下人無路可走，都擠到政治鬪爭的路上來，這樣的社會，決不是健康的。何況這個政治又不是開明的政治，只代表人君個人利欲之私，則我們更沒有理由犧牲一切價值去成全人君的私欲。韓非在上述的故事中，雖然沒有說要怎樣懲罰孟獻伯，但根據他那狹隘的政治觀點，這種亂國法而成私名的人，還是要加以消除的。

在傳統德治的思想中，親親的觀念，現時只能退到道德的範圍內，應用在現代的法治上，便有不當。法家「法不阿貴」的精神，反對親親的觀念，在政治層上面，還是值得發揚的。雖然韓非的法治原來只爲尊主安君，爲了要揚棄貴族政治，建立君主專制，才要羣臣士民在人主的法律之下，一律平等，而人主自己卻超乎法律之上，這對近代的法治而言，雖有本質上的差異，但在法律之前，人人平等的精神，還是比較可取的。

韓非的思想，守成理，因自然。審於是非之實，察於治亂之情。因此他重視情實，一般而言，是沒有問題的。但是法家思想竟然產生嬴秦的暴政，則他對人情的了解，亦必有失實的地方。人情好利惡害，懷生畏死，這是用不着韓非來發明的。中國古代文化，飽經憂患，在長期的實踐中，經歷了萬水千山，才在我們生命中點出一個生命之根，價值之源的仁心善性，韓非竟然視若無睹，一筆抹煞，以爲因人情自然之好惡，用嚴刑重賞，便可以驅策天下，並以此爲必然之道，萬全之計。事實是不是如此呢？這便很值得商榷了。人都有現實性和理想性兩面。人爲了維持現實生命的存在，當然有自然情欲一面。但人的生命意義，決不止於現實的存在，因此除了自然情欲之外，人還有更大的價值理想。所以孟子說「所欲有甚於生者，所惡有甚於死者」，這一點人性，難道是虛幻的嗎？假使我們承認人的生命有自然情欲以外的更高的價值理想，則人決不是可以用因人情自然之好惡而制定的賞罰所能完全禁制得了的。韓非開始迷信權力的萬能，以爲在嚴刑重賞之下，人君便可以爲所欲爲。所謂「賞罰使天下必行之。令曰：中程者賞，弗中程者誅。令朝至暮變，暮至朝變，十日而海內畢矣。」（難一）但事實上，賞罰並不能使天下必行之，韓非於此，不去反省人是否只有懷生畏死，好利惡害的自然情性，卻以爲是賞之不厚，罰之不重，因此要用嚴刑厚賞。以爲「彼之善者，我能以爲卿相，彼不善者，我得以斬其首，何故不治。」（内儲說上）但卿相之位有限，善者不能一一俱賞，便專用重刑，以爲可以「以刑去刑」。但陳勝吳廣時，秦法何嘗不嚴不重，在亡亦死，舉大計亦死的時候，他們便揭竿而起。可見嚴刑峻法，可能只會導致官逼民反，不見得就可以致治。韓非對於人情不完全受制於人主的賞罰一點，也不是不知道。他明明說歷史上有許多不畏重誅，不利重賞，不可以罰禁，不可以賞使，不臣天子，不友諸侯，耕田而食，掘井而飲，無上之名，無君之祿，見利不喜，臨難不恐，與之天下不取的所謂不令無益之民，韓非並不因此反省人性中有私欲以外的共同理想，還是從人都是自私自利的觀點去了解君臣、父子、夫婦、兄弟、朋友等關係，以爲臣下之忠不足用，父子之親不足信，夫婦之恩不足愛，使矛盾關係無限上綱，只恃法術權勢爲治，而棄絕仁義忠愛之道，謂「君通於不仁，臣通於不忠則可以王。」（外儲說右下）如是不惜殺戮不令無益之民，且以爲首誅，來翟衞他由對人性的偏見所誤導的權力統治。當他因人情自然之好惡而行賞罰遭遇到困難時，他不去反省這套統治手段不合人情，反而用重刑而殺戮廉潔之士，任法制而消除化外之民，以求削足就履。生心害政，無過於此。

除韓非所謂不令無益之民以外，韓非所稱道的智術能法之士，也不是可以只用好利害惡的自然情性所能解釋的。因爲在大臣苦法，細民惡治的情況下，法術之士燭重人之陰情，矯重人之姦行，使浮萌趨於耕農，游士危於戰陣，與大臣細民結下不可兩存之仇，自己又不一定得到人主的信用，像吳起枝解於楚，商君車裂於秦，這都是殘酷的事實，難道法術之士眞的只爲得到人主的賞賜，獲取高官厚祿嗎？至少韓非自已便不是如此。問田篇云：

堂谿公謂韓子曰，臣聞服禮辭讓，全之術也，修行退智，遂之道也。今先生立法術，設度數，臣竊以爲危於身而殆於軀，何以効之？所聞先生術曰，楚不用吳起而削亂，秦行商君而富彊，二子之言已當矣，然而吳起支解，而商君車裂者，不逢世遇主之患也。逢遇不可必也，患禍不可斥也，夫舍乎全遂之道，而肆乎危殆之行，竊爲先生無取焉。韓子曰：臣明先生之言矣。夫治天下之柄，齊民萌之度，甚未易處也，然所以廢先王之教（王渭曰：王當作生，下同。）而行賤臣之所取者，竊以爲：立法術、設度數，所以利民萌，便眾庶之道也。故不憚亂主闇上之患禍，而必思以齊民萌之資利者，仁智之行也。憚亂主闇上之患禍而避乎死亡之害，知明夫身而不見民萌之資利者，貪鄙之爲也。臣不忍嚮貪鄙之爲，不敢傷仁智之行。先王有幸臣之意，然有大傷臣之實。

上面一段話，堂谿公是站在韓非個人的利害觀點上規勸韓非的。若果立法術、設度數是一種危殆之行，服禮辭讓、修行退智才是全遂之道，則除非韓非以爲不然。否則韓非便當服禮辭讓，修行退智，而不去立法術，設度數。但韓非並沒有否定堂谿公的話，他所以不取堂谿公之教，不是說立法術設度數不會罹難，只是不敢傷仁智之行，不是說服禮辭讓，修行退智不能遠禍，只是不忍嚮貪鄙之爲。可見韓非在生死禍福之外，也肯定仁智的價值。並且從「先生有幸臣之意，然有大傷臣之實」二語看來，韓非還在不自覺中認爲仁智是他生命中更眞實的東西。事實上，法術之士，正明法，陳嚴刑，目的在於「救羣生之亂，去天下之禍，使強不凌弱，眾不暴寡，耆老得遂，幼孤得長，邊境不侵，君臣相親，父子相保，而無死亡係虜之患。」（姦劫弒臣）這都有超出於自然情欲的道德價值。如果我們因爲控制人的自然情欲比較容易見效，因而一條鞭地只從這方面立治道，以至抹煞人的理想性，道德性，這種魯莽滅裂的態度，完全窒塞了個人的慧命與文化的生機，結果只能成就一個生人勿近的陰慘之局。君主在赤裸裸的權力鬥爭中，鎮日恐懼臣下的簒弒，日子也並不好過。實則人除了自私自利的自然情欲外，也有共同的價值理想。人爲了溫飽固然可以焦頭爛額，赴湯蹈火，但由道德理想所激發出來的力量，更是不可侮的。因此，即使韓非欲以非常的手段，爲人君變法圖強，救亡圖存，也沒有理由棄絕仁義忠愛之道。若韓非在人性中能發現共同的價值理想，則政治可以是實現共同價值理想的事，不必把一切關係都矛盾對立起來，非在權力鬥爭中爭個你死我活不可。事實上，在古代德治的理想中，君臣都是同志同道。理想既是共同的，則政治大可以開誠佈公，不必搞什麼陰謀詭計，如是幽暗陰森的術府，在客觀的政治制度中，便沒有了它的地位。否則，政治永遠只能是爾虞我詐的權力鬥爭。而且由於統治者與羣臣士民之利益完全對立起來，成了個雄猜陰狠的獨夫，他爲了確保他的統治地位，必然對他認爲足以妨害其統治的人事進行無休止的鎮壓，結果必然帶給人間一個陰慘之局。

韓非之術，藏於幽隱陰密之地，以爲可以潛御羣臣。官行法，主用術，一繫於客觀之制度，一繫於人君之主體。任術必然破壞客觀之法制，任法則必然不容人主用術，法、術乃矛盾之二物，韓非並用之，結果只能以術爲主，以法爲從，成就一個獨裁專制之治。且客觀之法制不立，不獨人主可以用術以御下，人臣亦可用術以窺上。因爲人主無論如何周密，他那利欲之私還是人所共見的，人臣投其所好，亦少有不能得其歡心者。如是人君用術以御下，人臣用術以自全，君臣皆用術以求達成其利欲之私，這不獨敗壞人心世道，且亦不能達致尊主安國的目的。今引人臣因上之好惡而用術求自全之事數則如下，以見人臣用術之一斑。說林上云：

子圉見孔子於商太宰。孔子出，子圉入，請問客。太宰曰，吾已見孔子，則視子猶蚤蝨之細也。吾今見之於君。子圉恐孔子貴於君也，因謂太宰曰：君已見孔子，亦將視子猶蚤蝨也，太宰因弗復見也。

又云：

紂爲長夜之飲，懼（顧廣圻曰：懼當作懽。）以失日，問其左右，盡不知也。乃使人問箕子。箕子謂其徒曰，爲天下主而一國皆失日，天下其危矣。一國皆不知，而我獨知之，吾其危矣。辭以醉而不知。

說林下云：

隰斯彌見田成子。田成子與登台四望，三面皆暢，南望隰子家之樹蔽之，田成子亦不言。隰子歸，使人伐之。斧離數創，隰子止之。其相室曰，何變之數也？隰子曰：古者有諺曰，知淵中之魚者不祥。夫田子將有大事，而我示之知微，我必危矣。不伐樹，未有罪也，知人之所不言，其罪大矣，乃不伐也。

人主以操虛靜無爲之術御下，人臣亦以虛靜無爲之術自全，此因人主常用詐術犧牲臣下以成其私，故箕子與隰斯彌皆深藏其智，而示君以愚，目的在求自全而已。說難篇云：

> 昔者鄭武公欲伐胡，故先以其女妻胡君，以娛其意。因問於羣臣，吾欲用兵，誰可伐者？大夫關其思對曰，胡可伐。武公怒而戮之曰：胡，兄弟之國也，子言伐之何也。胡君聞之，以鄭爲親己，遂不備鄭，鄭人襲胡取之。

這是人臣因無術而受戮之實例，故人臣亦以術事君，如是人君率天下以術而民從之，在上下交用術的情況下，表面上一國皆愚，實則皆爲豺狼虎豹，以此治國，又怎能長治久安呢？

古代德治思想，首先肯定政治之目的在安民保民，實現種種之人生價值與文化價值，且人君重德不重力，不獨君臣有共同之理想，而且人君必須率先倡導，以身作則，一切開誠佈公，與民同之，故反對獨裁，謂「明主好同而闇主好獨。」（荀子臣道）一再強調取相之重要。荀子王霸篇云：

> 彼持國者，必不可以獨也，然則彊固榮辱，在於取相矣。身能相能，如是者王。身不能，知恐懼而求能者，如是者彊。身不能，不知恐懼而求能者，安唯便嬖左右親比己者之用，如是者危削，綦之而亡。

法家重視強權，在人君權力統治之下的人民，成了人君的附屬品，生殺予奪，爲所欲爲，故人君能以其絕對優越之地位，單方面地要求人臣無限忠於人君，人君則不必相對地仁於人臣。這種思想，影響及於父子、夫妻的關係，結果便產生三綱五常的觀念，成功了一個以權力爲中心的社會關係。忠孝篇云：

> 堯舜湯武或反君臣之義，亂後世之教者也。堯爲人君而君其臣，舜爲人臣而臣其君，湯武爲人臣而弒其主，刑其尸，而天下譽之，此天下所以至今不治者也。……故至今爲人子者，有取其父之家，爲人臣者，有取其君之國者矣。父而讓子，君而讓臣，此非所以定位一教之道也，臣之所聞曰：臣事君，子事父，妻事夫，三者順則天下治，三者逆則天下亂。此天下之常道也。……所謂忠臣不危其君，孝子不非其親。今舜以賢取君之國，而湯武以義放弒其君，此皆以賢而危主者也，而天下賢之。古之烈士，進不臣君，退不爲家，是進則非其君，退則非其親者也。且夫進不臣君，退不爲家，亂世絕嗣之道也。是故賢堯舜湯武而是烈士，天下之亂術也。

韓非以堯舜禪讓，湯武革命，均爲反君臣之義，亂後世之教，違背定位一教之道，而爲天下之亂術，可見韓非的思想，在政治上是反革命的。而且近人攻擊最烈之三綱五常等觀念，始作俑者，實爲韓非。因爲儒家原來的倫理關係都是本於仁心理性的，因此君仁臣忠，父慈子孝，兄友弟恭，夫義婦順，都是對等的，決無只講臣子之忠孝，而不講君父之仁慈之理。而韓非的倫理關係目的在維護現實政權，因而否定一切對等的義務，成了完全僵化的倫理關係。漢儒三綱五常之說，就是襲用韓非的觀點。這是不可以不辯的。至於在經濟上，韓非基於欲民之疾作節用爲理由，亦反對徵歛富人，布施貧家之社會救濟，及與貧窮地的社會主義的經濟改革，這也是很值得注意的。顯學篇云：

今世之學士，語治者多曰與貧窮地，以實無資。今夫與人相若也，無豐年傍入之利，而獨完給者，非力則儉也。與人相若也，無飢饉疾疚禍罪之殃，獨以貧窮者，非侈則惰也。侈而惰者貧，而力而儉者富。今上徵歛於富人，以布施於貧家，是奪力儉而與侈惰也，而欲索民之疾作而節用，不可得也。

韓非反對足民可以致治之說。因爲貴爲天子而不足於尊，富有四海而不足於室，爲天子尙以爲未足，則足民又怎能爲治呢？因此他說：「故明主之治國也，適其時事，以致財物，論其稅賦，以均貧富，厚其爵祿，以盡賢能，重其刑罰，以禁姦邪，使民以力得富，以事致貴，以過受罪，以功致賞，而不念慈惠之賜，此帝王之政也。」（六反）因此韓非在經濟上不求足民，不行救濟，不求均平，而只肯定人民在平等的稅賦之法，賞罰之法的基礎上，依其力事功過以得富貴。外儲說右下載：秦大饑，應侯請發五苑之蓏蔬棗栗以活民，昭襄王以爲「是使民有功與無功互爭取也，夫生而亂，不如死而治。」故終不發賑。

韓非對一個價值觀念紛然殽亂，思想言論，矛盾雜出的時代，欲以偏狹的功用觀點，加以禁制。謂「人主於聽學也，若是其言，宜布之官，而用其身，若非其言，宜去其身而息其端。今以爲是也，而弗布於官，以爲非也，而不息其端，是而不用，非而不息，亂亡之道也。」（顯學）這種觀點，完全扼殺了學術思想。因爲不同的學術思想，在理論上是可以同時存在的，但在實踐上和致用上，便無法同時並存。若學術思想只在致用時才有存在價值，則凡不被採納的學術思想，卽無容身之地。韓非在問辯篇以同樣的態度，否定論辯的價值。他認爲辯生於人君之不明，一個理想的社會是沒有爭辯的；因爲言最貴者爲令，事最適者爲法，凡言行不合於法令者必禁；若言行爲法令所無，而自謂可以接詐應變，生利揣事者，人主必采其言而責其實，言當則有大利，不當則有重罪，這便不會有爭辯。但事實上是否如此呢？事之所以有辯，在行動之前有兩可之議，韓非以爲採其言以責其實，便可平息爭辯，實則似可通而絕不可通。因爲凡不合法令之言論，若皆採其言而責其實，不但採不勝採，且政府亦成了一個嘗試錯誤的試驗場。這是絕不可行的。政府必須容許不同的思想言論同時存在，讓他們有自由辯論研討的機會，使事理愈辯愈明，然後才能作出明智的抉擇；若一味禁制，對獨夫之治容或有一時之利，但因此使天下人如聾如啞，其流毒是不可勝言的。

韓非的主道，是虛靜無爲而服從道理。要做到這一點，人主還是要有很大的克制能力，決不是庸主所能辦。韓非只肯定勢位的重要，而否定賢智的重要，只能是一種戲論而已。人主若眞能虛靜無爲而服從道理，便要完全除去利欲之私，否則只能服從一己之好惡，而所謂主道，必不免成爲刻薄寡恩、幽暗狠毒的術府。但若人君完全克制了一己的私欲，則政治便不再是權力政治，人與人的關係，亦不再只是矛盾鬪爭，如是我們便可以從一個獨裁的、封閉的、幽暗的政治結構中翻轉過來，重新建立一個民主的、開放的、光明的政治結構，這是中國文化所以必須揚棄韓非，反抗秦政的基本原因。

滄海叢刊書目（一）

國學類

中國學術思想史論叢（一）～（八）	錢　穆　著
現代中國學術論衡	錢　穆　著
兩漢經學今古文平議	錢　穆　著
宋代理學三書隨劄	錢　穆　著
論戴震與章學誠 ——清代中期學術思想史研究	余英時　著
論語體認	姚式川　著
論語新注	陳冠學　著
西漢經學源流	王葆玹　著
文字聲韻論叢	陳新雄　著
入聲字箋論	陳慧劍　著
楚辭綜論	徐志嘯　著

哲學類

國父道德言論類輯	陳立夫　著
文化哲學講錄（一）～（六）	鄔昆如　著
哲學・理性與信仰	金春峯　著
哲學與思想	王曉波　著
內心悅樂之源泉	吳經熊　著
知識・理性與生命	孫寶琛　著
語言哲學	劉福增　著
哲學演講錄	吳　怡　著
日本近代哲學思想史	江日新　譯
比較哲學與文化（一）、（二）	吳　森　著
從西方哲學到禪佛教 ——哲學與宗教一集	傅偉勳　著
批判的繼承與創造的發展 ——哲學與宗教二集	傅偉勳　著
「文化中國」與中國文化 ——哲學與宗教三集	傅偉勳　著

從創造的詮釋學到大乘佛學 ——哲學與宗教四集	傅偉勳 著
佛教思想的現代探索 ——哲學與宗教五集	傅偉勳 著
中國哲學與懷德海	東海大學哲學研究所主編
人生十論	錢穆 著
湖上閒思錄	錢穆 著
晚學盲言（上）、（下）	錢穆 著
愛的哲學	蘇昌美 著
邁向未來的哲學思考	項退結 著
逍遙的莊子	吳怡 著
莊子新注（內篇）	陳冠學 著
莊子的生命哲學	葉海煙 著
墨家的哲學方法	鍾友聯 著
韓非子析論	謝雲飛 著
韓非子的哲學	王邦雄 著
法家哲學	姚蒸民 著
中國法家哲學	王讚源 著
二程學管見	張永儁 著
王陽明 ——中國十六世紀的唯心主義哲學家	張君勱著、江日新 譯
王船山人性史哲學之研究	林安梧 著
西洋百位哲學家	鄔昆如 著
西洋哲學十二講	鄔昆如 著
希臘哲學趣談	鄔昆如 著
中世哲學趣談	鄔昆如 著
近代哲學趣談	鄔昆如 著
現代哲學趣談	鄔昆如 著
思辯錄 ——思光近作集	勞思光 著
中國十九世紀思想史（上）、（下）	韋政通 著
存有・意識與實踐 ——熊十力體用哲學之詮釋與重建	林安梧 著
先秦諸子論叢	唐端正 著
先秦諸子論叢（續編）	唐端正 著
周易與儒道墨	張立文 著

孔學漫談	余家菊 著
中國近代新學的展開	張立文 著
哲學與思想 ——胡秋原選集第二卷	胡秋原 著
從哲學的觀點看	關子尹 著
中國死亡智慧	鄭曉江 著
後設倫理學之基本問題	黃慧英 著
道德之關懷	黃慧英 著
異時空裡的知識追逐 ——科學史與科學哲學論文集	傅大為 著

宗教類

天人之際	李杏邨 著
佛學研究	周中一 著
佛學思想新論	楊惠南 著
現代佛學原理	鄭金德 著
絕對與圓融 ——佛教思想論集	霍韜晦 著
佛學研究指南	關世謙 譯
當代學人談佛教	楊惠南編著
從傳統到現代 ——佛教倫理與現代社會	傅偉勳主編
簡明佛學概論	于凌波 著
修多羅頌歌	陳慧劍譯註
禪　話	周中一 著
佛家哲理通析	陳沛然 著
唯識三論今詮	于凌波 著

應用科學類

壽而康講座	胡佩鏘 著

社會科學類

中國古代游藝史 ——樂舞百戲與社會生活之研究	李建民 著
憲法論叢	鄭彥棻 著
憲法論集	林紀東 著

國家論	薩孟武 譯
中國歷代政治得失	錢 穆 著
先秦政治思想史	梁啟超原著、賈馥茗標點
當代中國與民主	周陽山 著
我見我思	洪文湘 著
釣魚政治學	鄭赤琰 著
政治與文化	吳俊才 著
中華國協與俠客清流	陶百川 著
世界局勢與中國文化	錢 穆 著
海峽兩岸社會之比較	蔡文輝 著
印度文化十八篇	糜文開 著
美國社會與美國華僑	蔡文輝 著
日本社會的結構	福武直原著、王世雄 譯
文化與教育	錢 穆 著
開放社會的教育	葉學志 著
大眾傳播的挑戰	石永貴 著
傳播研究補白	彭家發 著
「時代」的經驗	汪 琪、彭家發 著
新聞與我	楚崧秋 著
書法心理學	高尚仁 著
書法與認知	高尚仁、管慶慧 著
清代科舉	劉兆璸 著
排外與中國政治	廖光生 著
中國文化路向問題的新檢討	勞思光 著
立足臺灣，關懷大陸	韋政通 著
開放的多元社會	楊國樞 著
現代與多元 ——跨學科的思考	周英雄主編
臺灣人口與社會發展	李文朗 著
財經文存	王作榮 著
財經時論	楊道淮 著
經營力的時代	青龍豐作著、白龍芽 譯
宗教與社會	宋光宇 著

史地類

古史地理論叢	錢 穆 著

歷史與文化論叢	錢　　穆　著
中國史學發微	錢　　穆　著
中國歷史研究法	錢　　穆　著
中國歷史精神	錢　　穆　著
中華郵政史	張　翊　著
憂患與史學	杜維運　著
與西方史家論中國史學	杜維運　著
清代史學與史家	杜維運　著
中西古代史學比較	杜維運　著
歷史與人物	吳相湘　著
歷史人物與文化危機	余英時　著
共產國際與中國革命	郭恒鈺　著
共產世界的變遷 ——四個共黨政權的比較	吳玉山　著
俄共中國革命祕檔（一九二〇～一九二五）	郭恒鈺　著
俄共中國革命祕檔（一九二六）	郭恒鈺　著
聯共、共產國際與中國（1920～1925）　第一卷	李玉貞　譯
抗日戰史論集	劉鳳翰　著
盧溝橋事變	李雲漢　著
歷史講演集	張玉法　著
老臺灣	陳冠學　著
臺灣史與臺灣人	王曉波　著
清史論集	陳捷先　著
黃　帝	錢　　穆　著
孔子傳	錢　　穆　著
宋儒風範	董金裕　著
弘一大師新譜	林子青　著
精忠岳飛傳	李　安　著
鄭彥棻傳	馮成榮　著
張公難先之生平	李飛鵬　著
唐玄奘三藏傳史彙編	釋光中　編
一顆永不隕落的巨星	釋光中　著
新亞遺鐸	錢　　穆　著
困勉強狷八十年	陶百川　著
困強回憶又十年	陶百川　著
我的創造・倡建與服務	陳立夫　著

我生之旅	方　　治　著
逝者如斯	李　孝　定　著

語文類

文學與音律	謝　雲　飛　著
中國文字學	潘　重　規　著
中國聲韻學	潘重規、陳紹棠　著
魏晉南北朝韻部之演變	周　祖　謨　著
詩經研讀指導	裴　普　賢　著
莊子及其文學	黃　錦　鋐　著
管子述評	湯　孝　純　著
離騷九歌九章淺釋	繆　天　華　著
北朝民歌	譚　潤　生　著
陶淵明評論	李　辰　冬　著
鍾嶸詩歌美學	羅　立　乾　著
杜甫作品繫年	李　辰　冬　著
唐宋詩詞選——詩選之部	巴　壺　天　編
唐宋詩詞選——詞選之部	巴　壺　天　編
清真詞研究	王　支　洪　著
苕華詞與人間詞話述評	王　宗　樂　著
優游詞曲天地	王　熙　元　著
月華清	樸　　月　著
梅花引	樸　　月　著
元曲六大家	應裕康、王忠林　著
四說論叢	羅　　盤　著
紅樓夢的文學價值	羅　德　湛　著
紅樓夢與中華文化	周　汝　昌　著
紅樓夢研究	王　關　仕　著
紅樓血淚史	潘　重　規　著
微觀紅樓夢	王　關　仕　著
中國文學論叢	錢　　穆　著
牛李黨爭與唐代文學	傅　錫　壬　著
迦陵談詩二集	葉　嘉　瑩　著
西洋兒童文學史	葉　詠　琍　著

一九八四	George Orwell原著、劉紹銘 譯
文學原理	趙滋蕃 著
文學新論	李辰冬 著
文學圖繪	周慶華 著
分析文學	陳啟佑 著
學林尋幽 ——見南山居論學集	黃慶萱 著
中西文學關係研究	王潤華 著
魯迅小說新論	王潤華 著
比較文學的墾拓在臺灣	古添洪、陳慧樺編著
從比較神話到文學	古添洪、陳慧樺主編
現代文學評論	亞菁 著
現代散文新風貌	楊昌年 著
現代散文欣賞	鄭明娳 著
葫蘆・再見	鄭明娳 著
實用文纂	姜超嶽 著
增訂江皋集	吳俊升 著
孟武自選文集	薩孟武 著
藍天白雲集	梁容若 著
野草詞	韋瀚章 著
野草詞總集	韋瀚章 著
李韶歌詞集	李韶 著
石頭的研究	戴天 著
寫作是藝術	張秀亞 著
讀書與生活	琦君 著
文開隨筆	糜文開 著
文開隨筆續編	糜文開 著
印度文學歷代名著選（上）、（下）	糜文開編譯
城市筆記	也斯 著
留不住的航渡	葉維廉 著
三十年詩	葉維廉 著
歐羅巴的蘆笛	葉維廉 著
移向成熟的年齡 ——1987～1992詩	葉維廉 著
一個中國的海	葉維廉 著
尋索：藝術與人生	葉維廉 著

從現象到表現 ——葉維廉早期文集	葉維廉 著
解讀現代·後現代 ——文化空間與生活空間的思索	葉維廉 著
紅葉的追尋	葉維廉 著
山外有山	李英豪 著
知識之劍	陳鼎環 著
還鄉夢的幻滅	賴景瑚 著
大地之歌	大地詩社 編
往日旋律	幼柏 著
鼓瑟集	幼柏 著
耕心散文集	耕心 著
女兵自傳	謝冰瑩 著
詩與禪	孫昌武 著
禪境與詩情	李杏邨 著
文學與史地	任遵時 著
抗戰日記	謝冰瑩 著
給青年朋友的信（上）、（下）	謝冰瑩 著
冰瑩書柬	謝冰瑩 著
我在日本	謝冰瑩 著
大漢心聲	張起鈞 著
人生小語（一）～（七）	何秀煌 著
人生小語（一）（彩色版）	何秀煌 著
記憶裡有一個小窗	何秀煌 著
回首叫雲飛起	羊令野 著
康莊有待	向陽 著
湍流偶拾	繆天華 著
文學之旅	蕭傳文 著
文學邊緣	周玉山 著
文學徘徊	周玉山 著
無聲的臺灣	周玉山 著
種子落地	葉海煙 著
向未來交卷	葉海煙 著
不拿耳朵當眼睛	王讚源 著
古厝懷思	張文貫 著
材與不材之間	王邦雄 著

劫餘低吟	法　天　著
忘機隨筆 ——卷一・卷二・卷三・卷四	王覺源　著
過　客	莊　因　著
詩情畫意 ——明代題畫詩的詩畫對應內涵	鄭文惠　著
文學與政治之間 ——魯迅・新月・文學史	王宏志　著
洛夫與中國現代詩	費　勇　著
老舍小說新論	王潤華　著
交織的邊緣 ——政治和性別	康正果　著
還原民間 ——文學的省思	陳思和　著

美術類

音樂人生	黃友棣　著
樂圃長春	黃友棣　著
樂苑春回	黃友棣　著
樂風泱泱	黃友棣　著
樂境花開	黃友棣　著
樂浦珠還	黃友棣　著
音樂伴我遊	趙　琴　著
談音論樂	林聲翕　著
戲劇編寫法	方　寸　著
與當代藝術家的對話	葉維廉　著
藝術的興味	吳道文　著
根源之美	莊　申編著
扇子與中國文化	莊　申　著
從白紙到白銀（上）、（下）	莊　申　著
畫壇師友錄	黃苗子　著
水彩技巧與創作	劉其偉　著
繪畫隨筆	陳景容　著
素描的技法	陳景容　著
建築鋼屋架結構設計	王萬雄　著
建築基本畫	陳榮美、楊麗黛　著

中國的建築藝術	張紹載 著
室內環境設計	李琬琬 著
雕塑技法	何恆雄 著
生命的倒影	侯淑姿 著
文物之美 ——與專業攝影技術	林傑人 著
清代玉器之美	宋小君 著

～涵泳浩瀚書海　激起智慧波濤～